わかりやすい

サッカーのルール

岡田正義 監修

SPORTS SERIES

成美堂出版

わかりやすいサッカーのルール

PART 1 試合の基本原則 7

試合時間
基本は前後半各45分 ハーフタイム15分以内 …… 8

アディショナルタイムと飲水タイム
空費された時間にはアディショナルタイムが追加される …… 10

試合の勝者を決定する方法
後半終了後の勝敗を決定する方法は
競技会規定による …… 12

PK戦の進め方①
PK戦で勝敗を決定する …… 14

PK戦の進め方②
PK戦における各プレーヤーのポジション …… 16

試合中のPK
ペナルティーエリア内での直接FKを与える反則はPK …… 18

試合中のPKの進め方
キッカー以外は9・15m以上
ペナルティーマークから離れる …… 20

PKの際の反則と対処①
反則者やゴールの状況により、その後の対処は変わる …… 22

PKの際の反則と対処②
PKでよくある反則 …… 24

キックオフ
試合の開始時と得点の後はキックオフで始める …… 26

ドロップボール
ボールを受ける選手以外は4m以内に近づくことはできない …… 28

アウトオブプレーとインプレー
アウトオブプレー以外はすべてインプレーになる …… 30

得点になるとき
ボール全体がゴールラインを完全に越えれば得点となる …… 32

ラインを割ったとき
各ラインを越えたらスローイン、
ゴールキック、コーナーキックで再開 …… 34

スローイン
両手で頭上を通して投げ入れるのが基本 …… 36

スローインの反則と罰則
インプレーになる前に再びボールに触れると反則 …… 38

ゴールキック
守備側がゴールエリア内から蹴ってプレーを再開する …… 40

ゴールキックの反則と罰則
インプレー後、キッカーが再びボールに触れると反則 …… 42

コーナーキック

攻撃側がコーナーエリアから蹴ってプレー再開……44

コーナーキックの反則と罰則

インプレー後にキッカーが再びボールに触れると反則……46

Column1 ルールの歴史① サッカーの起源……48

PART 2 オフサイド 49

オフサイドの基本

オフサイドは攻撃側の待ち伏せを禁止するルール……50

オフサイドの反則と罰則

オフサイドポジションでプレーに関わるとオフサイド……52

オフサイドにならない場合

相手プレーヤーと同じライン または自陣ではノーオフサイド……54

オフサイドになる場合

オフサイドポジションは手以外の部分が出たとき……56

オフサイドポジションにいてプレーを妨害したら反則……58

相手プレーヤーを妨害しなければ オフサイドにはならない……60

プレーを妨害しなければオフサイドにはならない……62

ゴールキーパーのプレーを妨げるとオフサイドになる……64

相手のプレーの可能性を妨げると オフサイドの反則になる……66

オフサイドポジションにいてチャンスを得たらオフサイド……68

オフサイドポジションにいてもプレーに 関わらなければ反則にならない……70

オフサイドポジションでパスが出ても ゴールラインを割ればゴールキック……72

パスが守備側に当たった場合はコーナーキックになる……74

オフサイドポジションの選手が 関わらなければ反則ではない……76

ボールの位置によってオフサイドラインが変わる……78

Column2 ルールの歴史② ルールの統一と制定……80

PART 3 ファウルとフリーキック 81

FKのやり方①

フリーキックには直接ＦＫと間接ＦＫがある……82

FKのやり方②

フリーキックのとき相手選手は９・１５ｍ以上離れる……84

FKのやり方③
他のプレーヤーがボールに触れるまでは
再び触れてはならない …… 86

直接FKになる場合①
12項目の反則を犯すと相手チームの直接FK …… 88

直接FKになる場合②
相手の足を蹴ったりつまずかせるのは反則 …… 90

直接FKになる場合③
相手に飛びかかったりチャージするのは反則 …… 92

直接FKになる場合④
殴打や押して相手のプレーを妨げる行為は悪質な反則 …… 94

直接FKになる場合⑤
相手選手に触れるタックルや
相手を押さえ込むと反則 …… 96

直接FKになる場合⑥
悪質なハンドやつば吐き行為は警告や退場の対象 …… 98

間接FKになる場合①
危険なプレーなどの反則は
相手チームの間接FKになる …… 100

間接FKになる場合②
ゴールキーパーは6秒を超えて
ボールを手で扱ってはならない …… 102

間接FKになる場合③
GKは味方からのパスを手で扱ってはならない …… 104

間接FKになる場合④
危険なプレーや相手の進路妨害も間接FKの対象 …… 106

間接FKになる場合⑤
ゴールキーパーがボールを手から
放すのを妨げてはならない …… 108

Column3 ルールの歴史③ 競技規則の成立 …… 110

PART 4 警告と退場 111

警告となる反則①
反スポーツ的行為など8項目が警告の対象 …… 112

警告となる反則②
反スポーツ的行為や審判への異議は
イエローカードが示される …… 114

警告となる反則③
規定の距離を守らなかったり遅延行為は警告の対象 …… 116

警告となる反則④
主審の承認なくフィールドに入ったり、
離れてはならない …… 118

退場となる反則①
著しく不正なプレーを犯したなど
8項目が退場の対象 …… 120

退場となる反則②
著しく不正なプレーには
レッドカードが示される …… 122

退場となる反則③
手を使った得点の阻止は退場になる …… 124

退場となる反則④
トリップなどで、決定的な得点の
機会を阻止したら退場になる …… 126

Column4 ルールの歴史④　グリーンカード …… 128

PART 5 フィールドと用具 129

メンバー表
メンバー表は試合前の決められた時間までに提出 …… 130

選手交代カード
プレーヤーを交代する際は選手交代カードを提出 …… 132

スコアブック
チーム状況を正確に把握するため
きちんと作成することが望ましい …… 134

競技者の数
競技者が7人未満の場合は試合を
することができない …… 136

ポジション
サッカーのポジションはＧＫ、ＤＦ、ＭＦ、ＦＷの４つ …… 138

交代の手続き
正しい手続きで定められた人数まで
選手交代ができる …… 140

フィールド
試合は競技会規定に基づいて設けられた
フィールドで行う …… 142

サッカーのフィールドは長さ90～１２０ｍ、
幅45～90ｍ …… 144

ゴール
ゴールポストとクロスバーは幅12cmを超えてはならない …… 146

コーナーとテクニカルエリア
コーナーフラッグは必須　監督はテクニカルエリアで指示 …… 148

基本的な用具
危険となるような用具を身につけることはできない …… 150

特別な用具
プロテクターなどは保護目的で
かつ安全であれば使用できる …… 152

NGな格好
安全性を確保できない用具の着用は禁止 …… 154

ボール
品質や規格など、試合では定められたボールを使用……156

Column5 ルールの歴史⑤ レフェリーの変遷……158

PART 6 審判員 159

主審の権限
主審は競技規則を施行する一切の権限を持つ……160

副審と第4の審判員
主審の職務を援助するのが副審と第4の審判員……162

主審のシグナル①
アドバンテージは手で示し
フリーキックは片方の腕で示す……164

主審のシグナル②
警告はイエローカード 退場はレッドカードを示す……166

副審のシグナル①
オフサイドの反則では
副審が旗を上げて主審に知らせる……168

副審のシグナル②
ゴールキック、スローインは
どちらが行うか速やかに示す……170

副審のシグナル③
アディショナルタイムは第4の審判員が
交代ボードを使って示す……172

審判員の道具
主審は時計、ホイッスルなどを用意して
試合をコントロールする……174

巻末資料

8人制サッカーのルールと審判法……176

索引……206

編集・制作
株式会社多聞堂

取材・構成
浅井貴仁（ヱディットリアル舎）

執筆
小野哲史

写真
斉藤豊
アフロフォトエージェンシー

イラスト
内山弘隆

デザイン
小山巧（志岐デザイン事務所）
田中宏幸（田中図案室）

企画・編集
成美堂出版編集部

取材協力
公益財団法人日本サッカー協会
時之栖スポーツセンター

PART

1

試合の基本原則

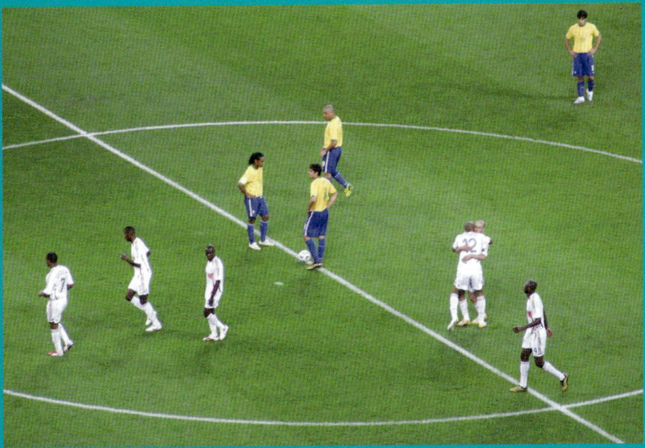

正しく競技を行ったり、観戦を楽しむための基本ルールである試合時間・延長戦とアウェーゴール・PK戦・キックオフ・アウトオブプレーとインプレー・スローイン・ゴールキック・コーナーキックなど、大切なルールをこの章では紹介する。

基本は前後半各45分 ハーフタイム15分以内

両チーム間の合意で時間は変更できる

主審と両チームの合意がない限り、試合は前半、後半それぞれ45分ずつで1試合は90分です。プレーヤーは前半が終了した時点で、15分を超えない範囲のインターバル（ハーフタイム）をとる権利があります。

明るさが十分でないといった理由でのプレー時間の変更は、試合開始前に両チーム間で合意がなされ、競技会規定に従ったものであれば可能。

また、ユース、年長者、障がい者およびグラスルーツの試合は、試合時間を短くすることができます。

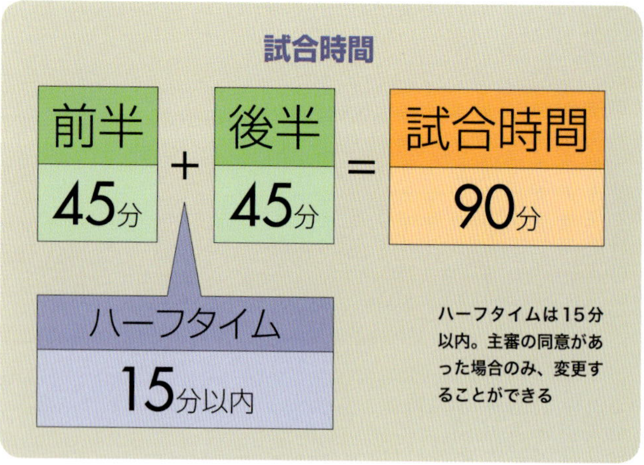

ハーフタイムは15分以内。主審の同意があった場合のみ、変更することができる

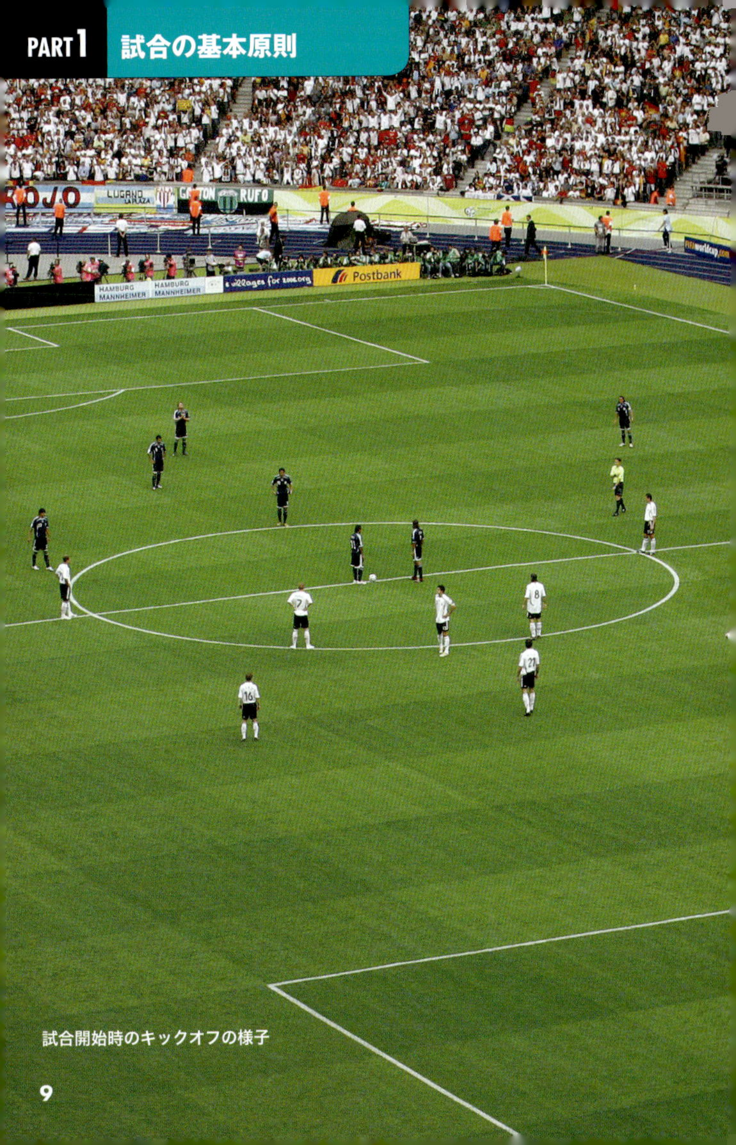

試合開始時のキックオフの様子

空費された時間には アディショナルタイムが追加される

主審が判断し、第4の審判員が提示

プレーヤーの交代、負傷したプレーヤーの程度を主審が判断するときや治療のためにフィールドから搬出するとき、時間の浪費、その他の理由などにより、時間が空費された場合、前後半でそれぞれアディショナルタイムが追加されます。その際、どれだけの時間が追加されるかは主審が判断し、第4の審判員がボードで提示します。また、夏場の試合では、前半、後半それぞれの半ばに、競技会規定により1分未満の飲水タイム、または90秒から3分間のクーリングブレークが設けられます。

時間が追加される場合

①競技者の交代	空費された時間分が追加される
②競技者の負傷の程度の判断	
③負傷した競技者を治療するためのフィールドからの搬出	
④時間の浪費	
⑤その他の理由	

アディショナルタイムの表示は、第4の審判員が選手交代の際に使用する交代ボードを使って行う

アディショナルタイムの表示方法

表示する時間は分単位とし、秒は切り捨てる。たとえばアディショナルタイムが2分0秒～2分59秒の場合は「2」を表示する。また、アディショナルタイムが1分未満のときは、主審から第4の審判員へ連絡するが、表示は行われない

後半終了後の勝敗を決定する方法は競技会規定による

アウェーでゴールした得点が2倍になる

規定の試合時間を終えて、得点の多かったチームが勝ち、両チームが同点、もしくは無得点だったときは引き分けとなります。ただし、引き分けで競技会規定によって勝者を決めなければならない場合は、延長戦やPK戦が行われます。延長戦は前後半同じ時間で各15分以内。延長戦を行わずに、そのままPK戦を行うこともあります。

また、ホームアンドアウェー方式の試合ではアウェーゴール・ルールが採用される場合もあります。

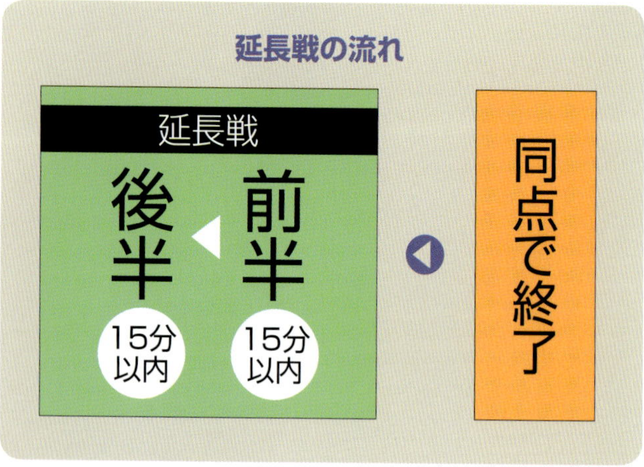

アウェーゴールの例

対戦するそれぞれのチームのスタジアムで試合を行うホームアンドアウェー方式のゲームで、Aがホームとなる第1戦は1-0でAが勝利、Bがホームとなる第2戦は3-2でBが勝利したとする。この場合、2試合の通算スコアは3-3のイーブンだが、両チームのアウェーでのゴール数を2倍すると5-3で、Aの勝利となる。

	Aチーム	Bチーム
Aのホーム（Bはアウェー）	1点	0点
Bのホーム（Aはアウェー）	2点	3点
通常の合計	3点	3点

総ゴール数は同じ

▼

アウェーでのゴール数が2倍になる	5点	3点

PK戦で勝敗を決定する

PK戦の進め方①

同点で終了した場合、1本ずつのキックが続く

主審がペナルティーマークからのキック（ＰＫ戦）を行うゴールをコイントスによって決定し、再びコイントスを行って勝ったチームが、先に蹴るか後に蹴るかを決めます。

　試合終了時にフィールドにいたプレーヤーのみが、ＰＫ戦に参加でき、両チームが交互に５本ずつのキックを行います。ただ、５本のキックを行う前に勝敗が決した場合は、以後のキックは行いません。また、５本ずつのキック後に両チームの得点が同じ場合、それまでと同じ順序で１本ずつのキックを勝負がつくまで続けます。

PK戦はGKとキッカーの1対1で行われる

PK戦の進め方

主審がコイントスを行いゴールを選ぶ

キックの順番のコイントスが行われる

交互に1本ずつキック

5本のキックを終えるまでに勝敗が決した

終了

5本ずつキック後、得点が同じ場合

勝敗が決まるまで、交互に1本ずつキック

勝負が決した

※一方のチームが退場等で人数が少ないときは両チームが同数になるように多いチームの人数を減らし両チームが交互に5本ずつのキックを行う。キックの進行中に退場等で人数が減ったときも両チーム同数となるようにする

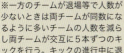

PK戦における各プレーヤーのポジション

RUFO
HAMBURG MANNHEIMER
相手チームのGK
キッカー側のゴールキーパーは、フィールドの中で、ゴールラインとペナルティーエリアの境界線との交点上にいなければならない
副審
その他の競技者
キッカーと両ゴールキーパー以外のプレーヤーは、センターサークルの中にいなければならない

延長戦を含めて、試合終了時にフィールドにいたプレーヤーのみが、PK戦に参加できます。参加資格のないプレーヤー、チーム役員、コーチなどはフィールドに入れません

キッカーはペナルティーマークの上にボールを置いて、そこから蹴る。キックは両チームが交互に蹴らなければいけない

ペナルティーエリア内での直接FKを与える反則はPK

ペナルティーキックから直接得点できる

直接フリーキックを与える12項目の反則（Ｐ89参照）を、自陣ペナルティーエリアの中でインプレー中に犯したとき、相手チームにペナルティーキックが与えられます。

ペナルティーキックからは直接得点することができ、前後半の終了時、および延長戦の前後半の終了時に行うペナルティーキック（ＰＫ戦）では、そのための時間が追加されます。

また、ボールが蹴られて前方へ移動したとき、ボールはインプレーとなります。

ボールと競技者の位置

ボール	ペナルティーマーク上に置く
守備側のゴールキーパー	ボールが蹴られるとき、少なくとも片足をゴールラインかゴールラインの上方、または後方に置いている
キッカー以外の競技者	フィールドの中
	ペナルティーエリアの外
	ペナルティーマークの後方
	ペナルティーマークから9.15m以上離れる

キッカー以外のプレーヤーはペナルティーエリア外で、ペナルティーマークより後方のフィールド内にいなければならない

キッカー以外は9.15m以上
ペナルティーマークから離れる

ボールが蹴られて、前方へ移動したときインプレーになる。キッカーはボールに他の競技者が触れるまで、再び触れてはいけない

ゴールキーパー

守備側のゴールキーパーは、ボールが蹴られるまで、キッカーに面して少なくとも片足をゴールラインかゴールラインの上方、または後方に置いていなければならない

キッカー以外のプレーヤー

キッカー以外のプレーヤーは、フィールドの中で、かつペナルティーエリア外のペナルティーマークの後方、およびペナルティーマークから9.15m以上離れた位置で待機する

キッカー

ボールをペナルティーマーク上に置き、特定のプレーヤーが、主審の合図があった後にペナルティーキックを行う。助走完了後のフェイントは反スポーツ的行為となり警告される

反則者やゴールの状況によりその後の対処は変わる

ペナルティーエリアに入った

反則

両チームの競技者がインプレーになる前にペナルティーエリアに入ってしまった。ゴールに入る、入らないにかかわらず再びキックが行われる

PKの際の反則と対処

反則＼状況	ゴールに入る	ゴールに入らない
ゴールキーパーが反則した場合	得点	セーブされない:再び行わない(キッカーが影響を受けていない限り) セーブされる:再び行い、ゴールキーパーに注意、以降の反則には警告
キッカーの味方競技者が反則した場合	再び行う	プレーを停止し守備側の間接フリーキック
ゴールキーパーの味方競技者が反則した場合	得点	再び行う
両チームの競技者が反則した場合	再び行う	再び行う
特定されていないキッカーがPKを行った	警告してペナルティーマークから守備側の間接フリーキック	
キッカーが不正なフェイントを行った場合	警告してペナルティーマークから守備側の間接フリーキック	
キッカーが不正なフェイントを行いゴールキーパーも反則した場合	キッカーを警告してペナルティーマークから守備側の間接フリーキック	キッカーを警告してペナルティーマークから守備側の間接フリーキック

PKが行われた後の反則と罰則

反則	罰則
ボールが他の競技者に触れる前に、キッカーがボールに再び触れたとき	反則の起きた地点から行う間接FKが与えられる
ボールが他の競技者に触れる前に、意図的にキッカーがボールを手で扱ったとき	反則の起きた地点から行う直接FKが与えられる
ボールが前方に進行中、外部からの要因に触れたとき	キックを再び行う
ボールがGK、クロスバー、ゴールポストから跳ね返り、外部からの要因に触れたとき	主審はプレーを停止し、触れた地点からドロップボールで再開

PKでよくある反則

守備側がペナルティーエリアに入った

反則

インプレーになる前に、守備側の競技者がペナルティーエリアに入ってしまった。ボールがゴールに入った場合、得点が与えられ、入らなかった場合、キックを再び行う

GKがゴールラインを出てしまった

反則

ゴールキーパーがゴールラインより前に出てしまった。そのままキックは行われ、ボールがゴールに入った場合は得点を与える。入らなかった場合、ゴールキーパーにセーブされない時はペナルティーキックを再び行わない（キッカーが影響を受けていない限り）。セーブされた時はペナルティーキックを再び行い、ゴールキーパーに注意、以降に反則には警告する

試合の開始時と得点の後は キックオフで始める

キックオフ

ボールが蹴られて明らかに移動したらインプレーになる

センターマークから始めるキックオフは、試合の前後半の開始時および延長戦の前後半の開始時に行います。また、一方のチームが得点をあげた後も、他方のチームがキックオフで試合を再開。その際、キックオフを行う競技者を除いてすべてのプレーヤーはフィールドの味方半分内におり、キックオフをするチームの相手チームは、ボールがインプレーになるまで9・15m以上離れます。ボールが蹴られて明らかに移動した瞬間インプレーですが、キックオフから直接得点することもできます。

ボールはセンターマーク上に静止している状態で置かれ、主審の合図とともにプレーを開始する。コイントスに勝ったチームは、前半に攻めるゴールか、または前半開始のキックオフを行うかを決める

後方にボールを蹴ってしまった

ボールが蹴られて明らかに移動したらインプレーになる（前方に蹴らなくてもよい）

相手側のフィールドに入ってしまった

反則

キックオフを行う競技者を除いてすべてのプレーヤーはフィールドの味方半分内にいなければならない

センターサークルに入ってしまった

反則

キックオフをするチームの相手チームは、ボールがインプレーになるまでセンターサークル内に入ってはいけない

ボールを受ける選手以外は4m以内に近づくことはできない

最後にボールに触れた選手にドロップされる

ボールがインプレーのとき、競技規則に規定されていない理由で生じた一時的停止の後や、ボールが審判員に触れ、競技のフィールド内にあり、下図の場合の試合再開の方法として用いられるのがドロップボールです。プレーが停止されたとき、ボールがあった地点がペナルティーエリア内ならばゴールキーパーにドロップ。エリア外なら、最後にボールが触れられた位置で、そのチームの1人の選手にドロップされます。両チームのそれ以外の選手は、ドロップボールの位置から4m以上離れます。

試合再開の方法で ドロップボールが用いられる状況

①チームが大きなチャンスとなる攻撃を始める

②ボールが直接ゴールに入る

③ボールを保持するチームが替わる

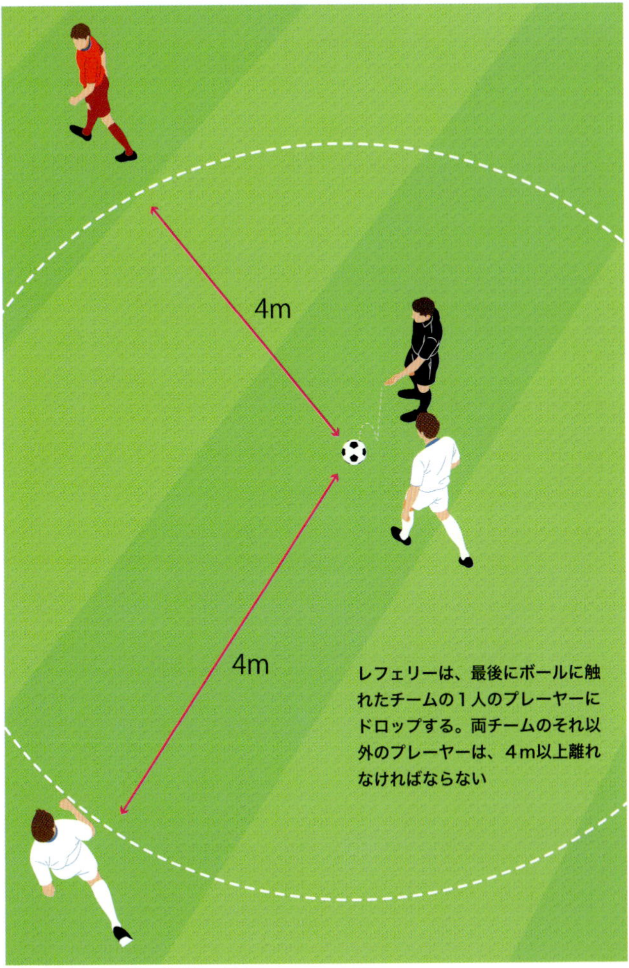

レフェリーは、最後にボールに触れたチームの１人のプレーヤーにドロップする。両チームのそれ以外のプレーヤーは、４m以上離れなければならない

アウトオブプレー以外はすべてインプレーになる

ボールがラインを完全に割ったらアウトオブプレー

地上、空中を問わず、ボールがゴールラインまたはタッチラインを完全に越えたとき、また、主審がプレーを停止したときは、アウトオブプレーとなります。

そして、ボールがゴールポスト、クロスバー、コーナーフラッグポストから跳ね返ってフィールド内にある場合や、ボールがフィールド内にいる主審、または副審に当たったときを含め、アウトオブプレー以外のすべての時間は、インプレーとなります。

アウトオブプレーとインプレー

アウトオブプレーになる場合	インプレーになる場合
①地上、空中問わず、ボールがゴールライン、またはタッチラインを完全に越えたとき ②主審がプレーを停止したとき	アウトオブプレーではないとき（ボールがゴールポスト、クロスバー、コーナーフラッグポストから跳ね返りフィールド内にある）

地上、空中を問わず、ボールがラインを完全に割った、もしくは、
主審がプレーを停止したときはアウトオブプレーとなる

ボール全体がゴールラインを完全に越えれば得点となる

得点になるとき

直前に反則していなければ得点が認められる

両ゴールポストの間とクロスバーの下で、ボールの全体がゴールラインを完全に越えたとき、得点となります。ただし、そのとき、相手ゴールにボールを入れたチームが、その直前に競技規則の反則を犯していない場合のみ、得点が認められます。

規定の試合時間を終えた時点で、得点の多かったチームが勝ちとなり、両チームが同点か、ともに無得点の場合は引き分けです。競技会によっては、延長戦やPK戦で勝敗を決することもあります。

両ゴールポストの間とクロスバーの下で、ボールの全体がゴールラインを完全に越えたとき得点となる

各ラインを越えたらスローイン、ゴールキック、コーナーキックで再開

ラインを越える地点は地上、空中を問わない

地上、空中を問わず、ボールの全体がタッチラインを越えたとき、その越えた地点から、最後にボールに触れたプレーヤーの相手チームのスローインでプレーを再開します。

また、ゴールにならなかった場合で、地上、空中を問わず、ボールの全体がゴールラインを越えたとき、攻撃側のプレーヤーが最後にボールに触れた場合は守備側のゴールキックで、守備側のプレーヤーが最後にボールに触れた場合は攻撃側のコーナーキックでプレーを再開します。

プレーの再開方法

タッチラインを越えたとき ▶ 相手チームのスローイン
最後にボールに触れた相手チーム

ゴールラインを越えたとき
▶ 守備側のゴールキック
攻撃側のプレーヤーが最後にボールに触れた場合
▶ 攻撃側のコーナーキック
守備側のプレーヤーが最後にボールに触れた場合

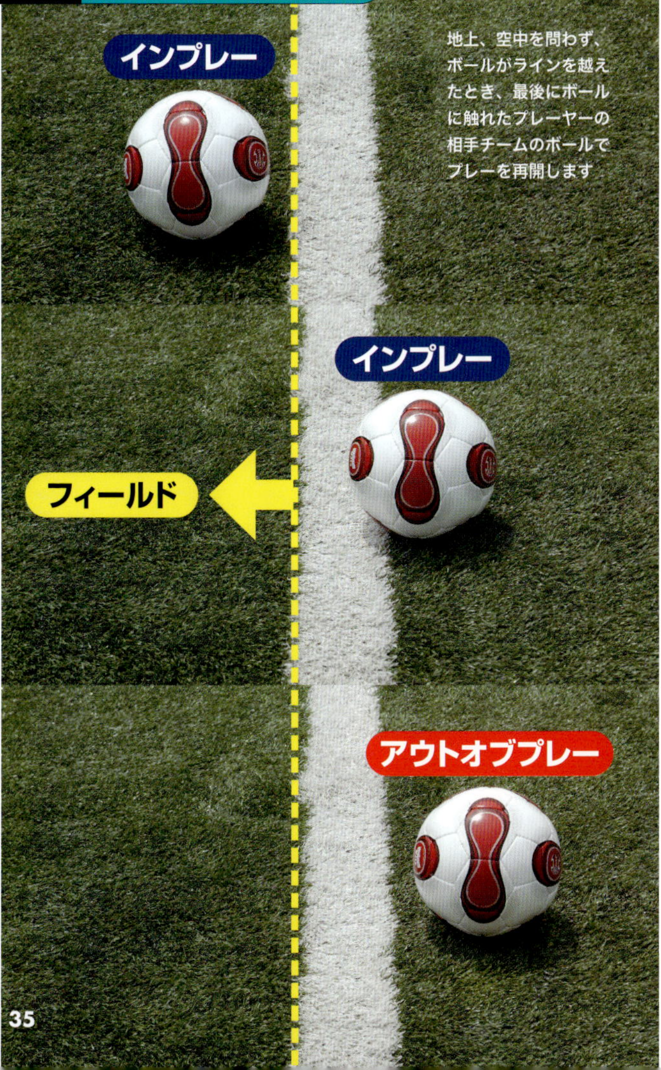

地上、空中を問わず、ボールがラインを越えたとき、最後にボールに触れたプレーヤーの相手チームのボールでプレーを再開します

両手で頭上を通して投げ入れるのが基本

スローイン

ボールがフィールドに入ったらインプレー

　スローアーはフィールドに面し、両足ともその一部をタッチライン上または外のグラウンドにつけます。
　そして、両手を使って頭の後方から頭上を通してボールを投げます。その際、ボールが他のプレーヤーに触れるまで、スローアーはボールを再びプレーしてはいけません。
　また、すべての相手プレーヤーはスローインが行われるタッチライン上の地点から少なくとも2m離れ、ボールがフィールドに入った瞬間にインプレーとなります。スローインから直接得点することはできません。

スローインの場合、ボールがフィールドに入った瞬間にインプレーになる

両手を使って頭の後方
から頭上を通してボー
ルを投げ入れる
フィールドに面し、
両足ともその一部
をタッチライン上
またはタッチライ
ンの外のグラウン
ドにつける

Point

①足はタッチライン上、
または外に置く
②他の選手が触れるま
でボールに触れない
③ボールがフィールド
に入ったらインプレー
④スローインから、直接
得点できない

インプレーになる前に再びボールに触れると反則

ファウルスローをすると、相手のスローインになる

インプレーになり、他のプレーヤーが触れる前にスローアーが手以外でボールに再び触れた場合は間接フリーキックが、意図的にボールを手で扱った場合は直接フリーキックが相手チームに与えられます。

また、スローインを行うときに、相手プレーヤーがスローアーを惑わせたり、妨げた場合、イエローカードが示されます。

ファウルスローなど、その他の反則は相手チームのスローインになります。

スローインの反則と罰則

反則	罰則
スローアー以外のプレーヤーに触れる前に、手以外でボールに再び触れた	反則の起きた地点から行う間接フリーキックが相手チームに与えられる
スローアー以外のプレーヤーに触れる前に、意図的に手でボールを扱った	反則の起きた地点から行う直接フリーキックが相手チームに与えられる
相手プレーヤーがスローインをするプレーヤーを妨げた	反スポーツ的行為として、イエローカードが示される

ファウルスローの例

片手投げになっている

反則

両手を使っていても、左右両方に均等に力がかかっていないとファウルスローになる

足が完全にラインを越えてしまった

反則

片足および両足が完全にラインの中に入ってしまうとファウルスローになる

守備側がゴールエリア内から蹴ってプレーを再開する

蹴られて明らかに動いたらボールはインプレーになる

守備側のプレーヤーがゴールエリア内の任意の地点からボールを蹴り、明らかに動いたならばエリア内でもボールはインプレーになります。

その際、相手チームのプレーヤーはペナルティーエリアの外にいなければならず、ボールが蹴られる前にペナルティーエリアに入った場合はやり直しです。

また、ボールが他のプレーヤーに触れるまで、キッカーはボールを再びプレーしてはいけません。

ゴールキックの進め方

①守備側のプレーヤーがゴールエリア内の任意の地点からボールを蹴る

▼

②ボールがインプレーになるまで、相手プレーヤーはペナルティーエリアの外にいる

▼

③ボールが蹴られて明らかに動いたならばインプレーになる

▼

④ボールが他の競技者に触れるまではキッカーはボールを再びプレーしない

ゴールキックでは、ゴールエリアの任意の位置からボールを蹴り出すことができる

ボールが蹴られて明らかに動いたならばインプレーになる

インプレー後、キッカーが再びボールに触れると反則

ペナルティーエリアの内か外かで罰則が決まる

ボールが蹴られても明らかに動かなければ、ゴールキックのやり直しになります。

また、ゴールキックをした後、キッカーは他のプレーヤーが触れる前にボールに触れることはできません。

もし、その反則が起きた場合、キッカーがゴールキーパーなのかゴールキーパー以外のプレーヤーなのか、意図的に手で触れたのか否か、ペナルティーエリアの内と外のどこで起きたのかによって、罰則の内容も直接ＦＫ、間接ＦＫ、ＰＫなどに変わります。

インプレーになる前に手を触れてしまった

ボールが他のプレーヤーに触れるまで、キッカーはボールを再びプレーすることはできない

ゴールキックの反則と罰則

反則	罰則
ボールが蹴られても明らかに動かなかった	キックを再び行う
ボールがインプレーになって他のプレーヤーに触れる前に、キッカーがボールに手以外で再び触れた	反則の起きた地点から行う間接フリーキックが相手チームに与えられる

ボールがインプレーになって他のプレーヤーに触れる前に、キッカーが意図的にボールを手で扱った場合

反則	罰則
キッカーがペナルティーエリア外で反則	反則の起きた地点から行う直接フリーキックが相手チームに与えられる
ゴールキーパー以外のキッカーがペナルティーエリア内で反則	ペナルティーキックが相手チームに与えられる
ゴールキーパーがペナルティーエリア内で反則	反則の起きた地点から行う間接フリーキックが相手チームに与えられる

攻撃側がコーナーエリアから蹴ってプレー再開

相手チームのプレーヤーは9・15m以上離れる

守備側が最後にボールに触れて、ボール全体がゴールラインを越えたとき、コーナーキックになります。ボールが出た地点に近い方のコーナーエリアにボールを置き、攻撃側のプレーヤーがボールを蹴ります。コーナーフラッグポストを動かしてはならず、ボールが蹴られて明らかに移動した瞬間にインプレー。

インプレーになるまで相手チームのプレーヤーは、コーナーエリアから9・15m以上離れ、キッカーは他のプレーヤーが触れる前に、再びボールをプレーすることはできません。

コーナーキックの進め方

①ボールが出た地点に近い方のコーナーエリアにボールを置く

▼

②コーナーフラッグポストは動かさない

▼

③インプレーになるまで、相手プレーヤーはコーナーエリアから、9.15m以上離れる

▼

④攻撃側のプレーヤーがボールを蹴る。ボールが蹴られ、明らかに移動したときにインプレーになる

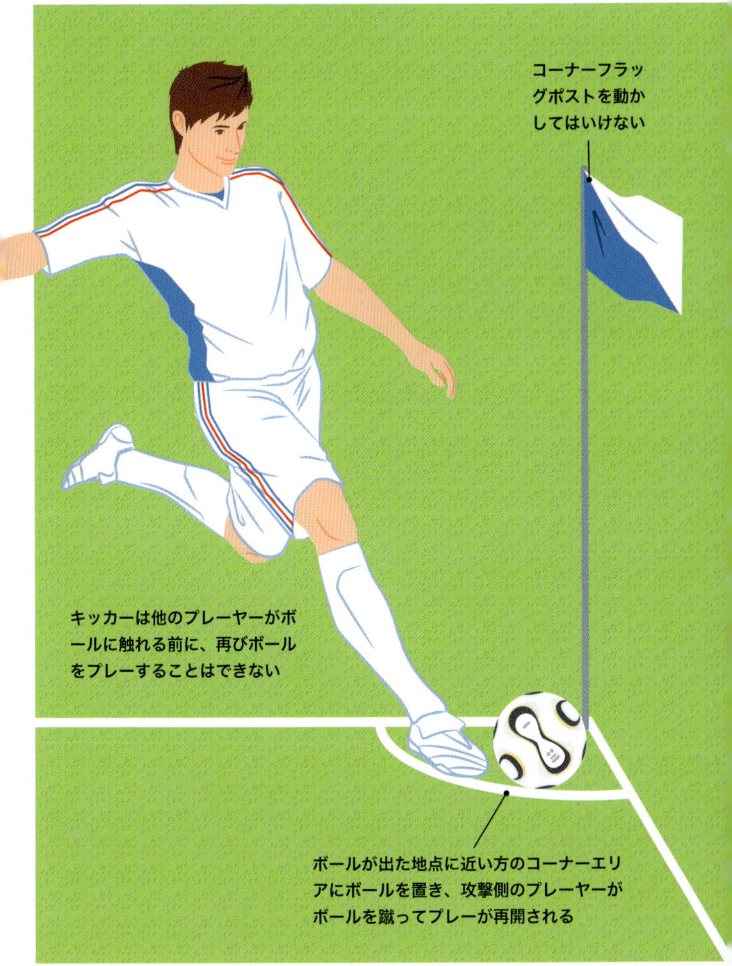
コーナーフラッグポストを動かしてはいけない
キッカーは他のプレーヤーがボールに触れる前に、再びボールをプレーすることはできない
ボールが出た地点に近い方のコーナーエリアにボールを置き、攻撃側のプレーヤーがボールを蹴ってプレーが再開される

インプレー後にキッカーが再びボールに触れると反則

反則者や反則の種類で再開方法や罰則も変わる

ボールがインプレーになって他の競技者が触れる前に、キッカーが手以外でボールに再び触れた場合、その地点から行う間接フリーキックが相手チームに与えられます。

同じ状況で、キッカーが意図的にボールを手で扱った場合、その地点から行う直接フリーキックが相手チームに与えられます。それが自陣ペナルティーエリア内だった場合は、ペナルティーキックになります。

その他の反則に対しては、キックのやり直しとなります。

コーナーキックはボールが蹴られて、移動したときにインプレーになる

コーナーキックの反則と罰則

キッカーがゴールキーパー以外の場合

反則	罰則
ボールがインプレーになって他の競技者が触れる前に、キッカーがボールに手以外で再び触れた	反則の起きた地点から行う間接フリーキックが相手チームに与えられる
ボールがインプレーになり、他の競技者が触れる前にキッカーが意図的にボールを手で扱った	反則の起きた地点から行う直接フリーキックが相手チームに与えられる
ボールがインプレーになり、他の競技者が触れる前にキッカーが自陣ペナルティーエリア内で意図的にボールを手で扱った	ペナルティーキックが相手チームに与えられる

キッカーがゴールキーパーの場合

反則	罰則
ボールがインプレーになり、他の競技者に触れる前にボールに手以外で再び触れた	反則の起きた地点から行う間接フリーキックが相手チームに与えられる
ボールがインプレーになり、他の競技者に触れる前にボールを意図的に手で扱った	自陣ペナルティーエリア外で起きた場合は直接フリーキックを、自陣ペナルティーエリア内で起きた場合は間接フリーキックが相手チームに与えられる

ルールの歴史①

サッカーの起源

Column1

宗教行事などから生まれルールはなかった

「戦いの末に海岸に残された頭蓋骨をボールの代わりに蹴った」「守備隊兵士の訓練として採用された」「城塞をめぐる攻防戦をゲーム化した」……など、サッカーの起源とされる説は数多く存在します。

　中世期のイングランドでは、村同士が1つのボールを互いの村に運ぶ遊び（あるいは宗教行事）だったという説もありました。

　また、それに類似した行事は他のヨーロッパ諸国、そして世界中で広く行われていたとも言われています。

　しかし、そうした行事のほとんどは「1点を先に決めた側の勝利」という以外、ルールはほぼ無いに等しいものだったようです。

　そのため、勝利に固執するあまり乱暴行為や不正行為が多発し、ときには死傷者が出ることさえありました。ついには、１３１４年のロンドンで、そんな過熱ぶりに歯止めをかけようとした当時の市長が、「フットボール禁止令」を布告しました。

　その後、何度も禁止令を発令したという記録が残っています。

PART
2

オフサイド

サッカーのルールの中で、最も理解されにくく複雑と言われているオフサイド。ここでは、どういうときにオフサイドの反則になり、またならないのか。具体的な例をイラストでわかりやすく紹介していく。

オフサイドは攻撃側の待ち伏せを禁止するルール

オフサイドポジションにいること自体は反則ではない

オフサイドとは、攻撃側のポジションに関する規定で、待ち伏せや抜け駆けといった行為を禁止するためのルールです。

プレーヤーが相手陣内で、ボールおよび相手チームの、後方から2人目のプレーヤーより、相手ゴールラインに近い位置にいる場合、〝オフサイドポジションにいる〟ことになります。ただ、オフサイドポジションにいること自体は反則ではありません。また、ゴールキック、スローイン、コーナーキックからは、オフサイドの反則にはなりません。

オフサイドのセオリー

オフサイドポジションでない	オフサイドポジション
プレーヤーが味方側のフィールドにいる。または、後方から2人目の相手プレーヤーと同じラインか、最後尾にいる2人の相手プレーヤーと同じラインにいる	プレーヤーがボールおよび、後方から2人目の相手プレーヤーより頭、胴体または足のどこかが相手ゴールラインに近い場合。オフサイドポジションにいること自体は反則ではない

解説 相手フィールド内でプレーヤーが後ろから２人目の相手プレーヤー、およびボールよりも、ゴールラインに近い場合、オフサイドポジションにいることになる。

攻撃側プレーヤーⓐが、後ろから２人目の守備側プレーヤーⓑより、ゴールラインに近いので、攻撃側プレーヤーⓐはオフサイドポジションになる

オフサイドポジションでプレーに関わるとオフサイド

オフサイドの反則と罰則

反則すると、相手チームに間接フリーキックが与えられる

ボールが味方によって触れられるかプレーされた瞬間、オフサイドポジションにいるプレーヤーがプレーを妨害した、相手プレーヤーを妨害した、またはその位置にいることによって利益を得たといったように、主審が積極的にプレーにかかわっていると判断した場合にオフサイドの反則となります。

　その際、反則の起きた地点から行う間接フリーキックが、相手チームに与えられます。

オフサイドの反則が起きたときに、副審は旗を上げて反則があったことを示す

オフサイドの反則と罰則

反則になる場合

①味方プレーヤーがパスしたり、触れたボールをプレーするときなどに、オフサイドポジションにいるプレーヤーがプレーを妨害したとき

②明らかに相手プレーヤーの視線を遮ったり、動きを妨げたり、しぐさや動きで惑わすなど、妨害したとき

③ゴールポストやクロスバーから跳ね返ったボールをプレーするなどその位置にいることで利益を得たとき

反則ではない場合

次の3つからボールを直接受けたときは、オフサイドの反則にならない

1.ゴールキック
2.スローイン
3.コーナーキック

反則と罰則

オフサイドの反則が起きた場合、罰則として反則の起きた地点から行う間接フリーキックが相手チームに与えられる

相手プレーヤーと同じライン または自陣ではノーオフサイド

後方から２人目の相手プレーヤー、および最後尾にいる２人の相手プレーヤーと同じレベルにいる場合はノーオフサイドとなる

ノーオフサイド 味方側のフィールドにいる

フィールドの味方側半分内にいれば、オフサイドにはならない。ハーフウェーラインは中立でどちらのハーフにも含まれない

オフサイドポジションは手以外の部分が出たとき

守備側のプレーヤーのカラダよりも、足が出てしまっている。手以外の部分が出ている場合、オフサイドポジションになる

オフサイド　頭が出ている

頭と胴の一部が守備側のプレーヤーのカラダよりも出てしまっている。この場合、オフサイドポジションになる

オフサイドポジションにいてプレーを妨害したら反則

攻撃側がボールを保持しているこの時点で、攻撃側プレーヤーⒶはすでにオフサイドポジションにいる

解説 攻撃側がボールを持っているとき、他の攻撃側のプレーヤーはオフサイドポジションにいるだけでは反則にはならない。味方からのパスを受けるなど、プレーを妨害したときにオフサイドの反則になる。

オフサイド ボールに触れてしまった

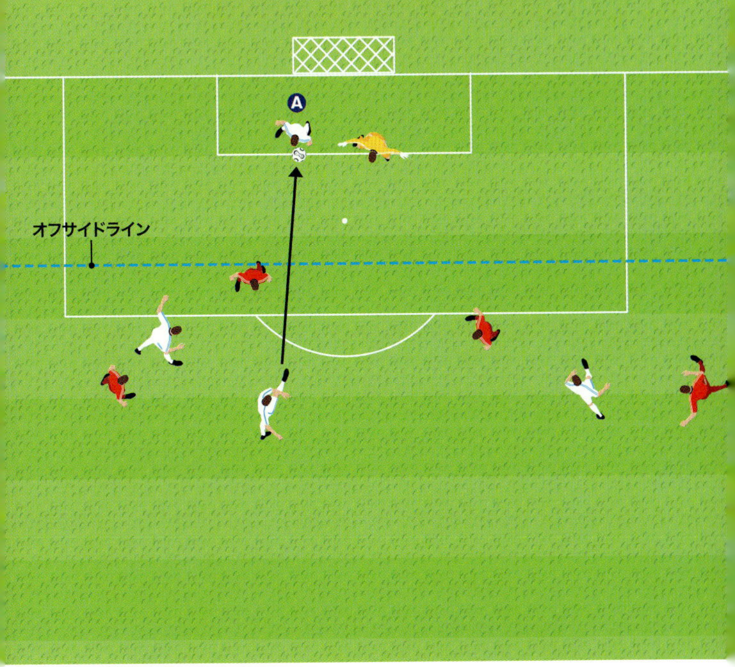

Ⓐは相手プレーヤーには干渉しなかったが、味方からのパスを受けてボールに触れたのでオフサイドの反則。このとき副審は、Ⓐがボールに触れたとき旗を上げなければならない

相手プレーヤーを妨害しなければオフサイドにはならない

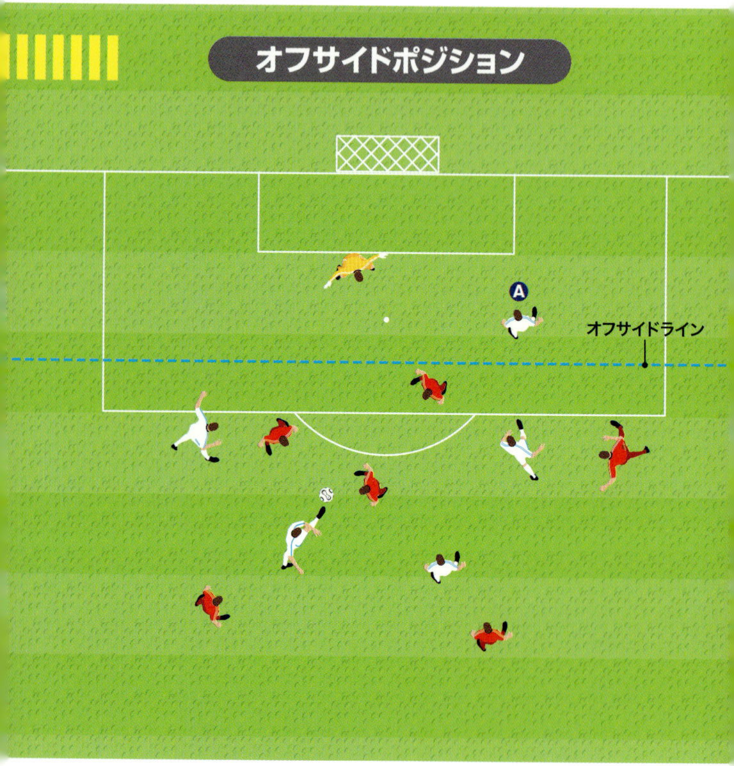

攻撃側のプレーヤーがボールを保持しているとき、攻撃側プレーヤーⒶはオフサイドポジションにいる。また、ゴールキーパーからは離れた位置にいる

解説 攻撃側がオフサイドポジションのときに、相手プレーヤーの視線を遮ったり、身振りや動きで混乱させていない場合、妨害したことにならず、味方がシュートをしてもオフサイドの反則にならない。

攻撃側のプレーヤーがシュートをしたとき、Ⓐはゴールキーパーの視線を遮ったり、身振りや動きでゴールキーパーを惑わせたり、混乱させていないので、オフサイドの反則にはならない

プレーを妨害しなければオフサイドにはならない

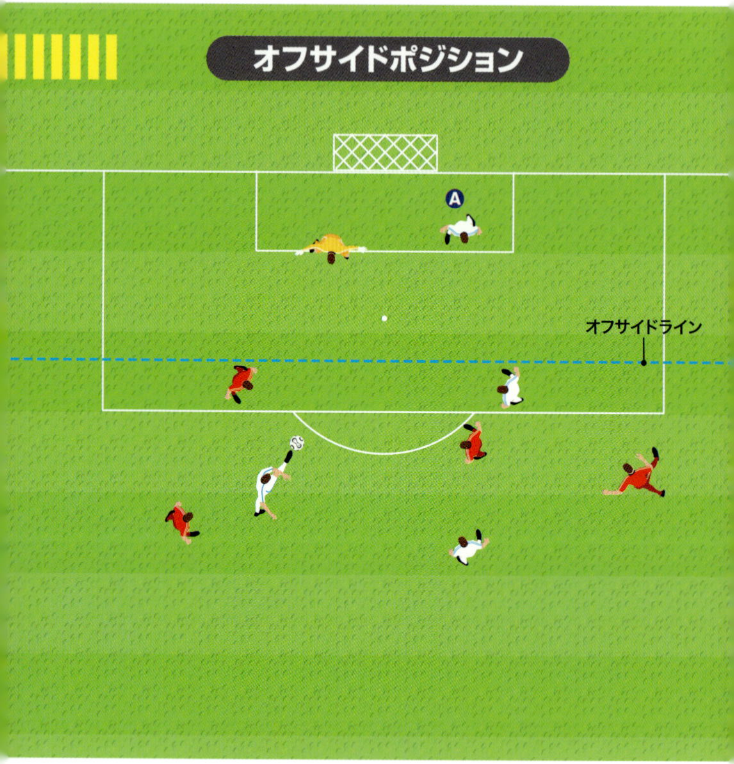

味方プレーヤーがボールを保持しているとき、攻撃側プレーヤーⒶはオフサイドポジションにいて、ゴールキーパーよりも後ろの位置にいた

解説

攻撃側プレーヤーがオフサイドポジションにいても、相手プレーヤーのプレーを妨げたり、ボールに触れていなければ、プレーを妨害したことにならず、オフサイドの反則にはならない。

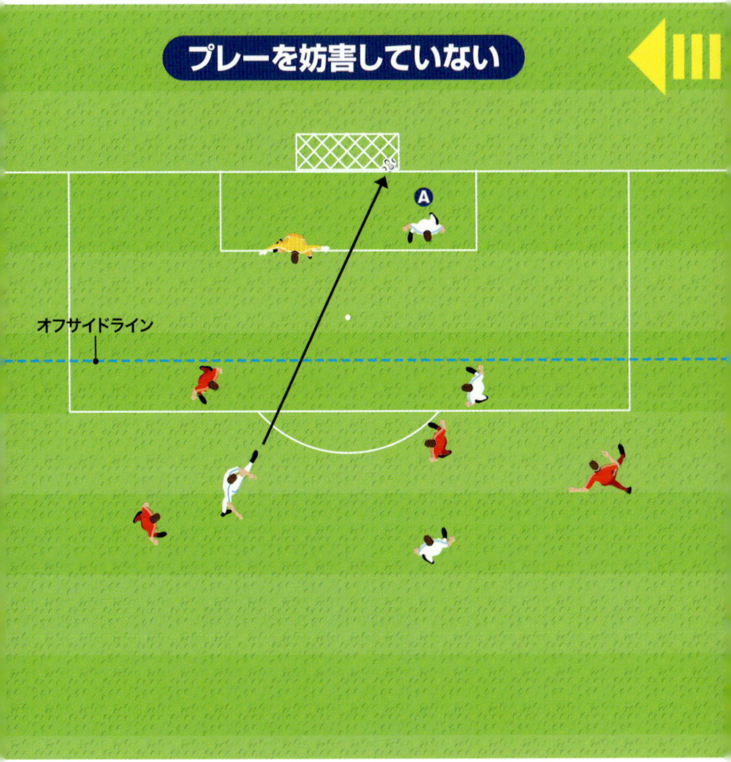

味方プレーヤーがシュートしたとき、視線を遮るなど、相手プレーヤーへ干渉せず、またボールに触れていなかったので、オフサイドの反則にはならない

ゴールキーパーのプレーを妨げるとオフサイドになる

攻撃側がボールを保持しているこの時点で、攻撃側プレーヤーⒶはすでにオフサイドポジションにいて、相手ゴールキーパーの近くにいる

解説 攻撃側のプレーヤーがシュートし、オフサイドポジションにいる攻撃側のプレーヤーがGKの視線を遮った場合、相手プレーヤーがプレーする、あるいはその可能性を妨げたとしてオフサイドになる。

オフサイド GKのプレーを妨げた

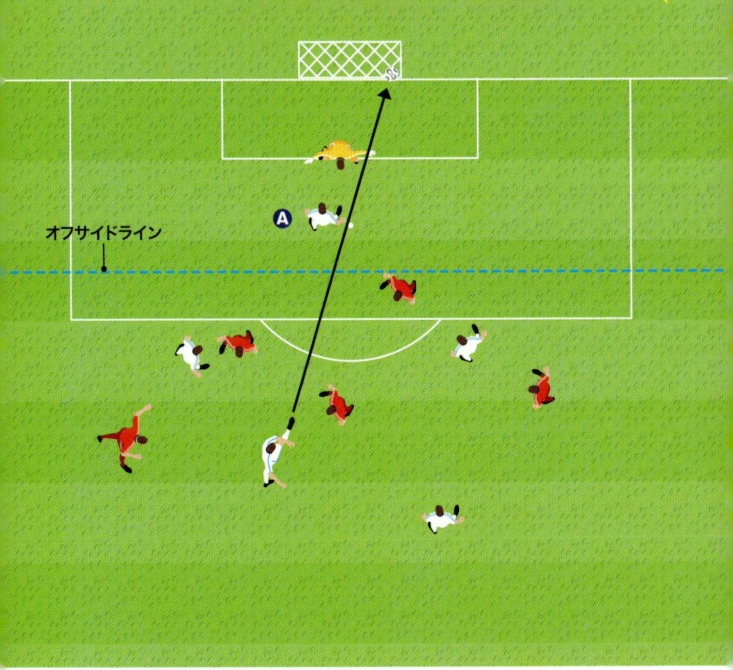

攻撃側のプレーヤーがシュートしたとき、Aがゴールキーパーの視線を遮った。相手プレーヤーがプレーする、あるいはプレーする可能性を妨げたことでオフサイドの反則となる

相手のプレーの可能性を妨げるとオフサイドの反則になる

攻撃側がボールを保持しているこの時点で、攻撃側プレーヤーⒶはすでにオフサイドポジションにいて、相手ゴールキーパーの近くにいる

解説

オフサイドポジションにいる攻撃側のプレーヤーがそのボールに向かって走ってきたとき、相手プレーヤーがプレーするのを妨げた。もしくは、身振りで混乱させたのでオフサイドの反則になる。

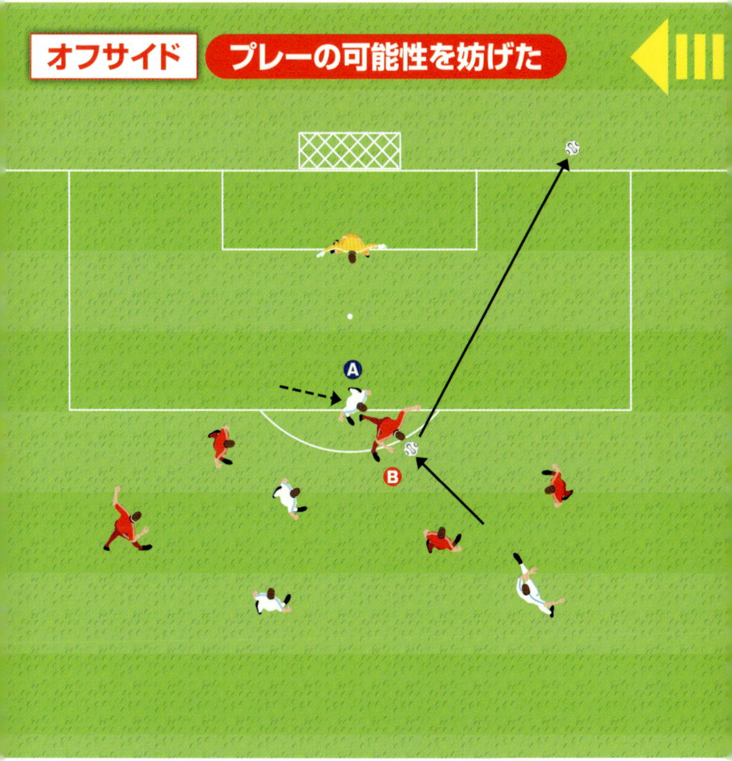

Ⓐは相手プレーヤーⒷがプレーする、あるいはプレーする可能性を妨げた。もしくは、身振りや動きでⒷを惑わせた、あるいは混乱させたのでオフサイドの反則となる

オフサイドポジションにいてチャンスを得たらオフサイド

オフサイドポジション

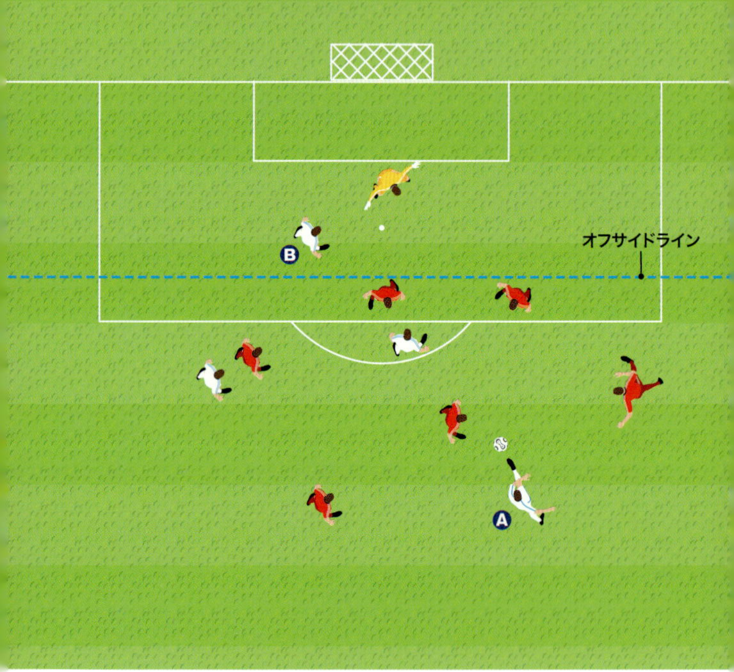

プレーヤーⒷがオフサイドポジションにいるときに、味方プレーヤーⒶがシュートしたボールが、ゴールキーパーのカラダに当たり、跳ね返った

解説 攻撃側プレーヤーのシュートを相手GKが弾いたとき、すでにオフサイドポジションにいた攻撃側の他プレーヤーが、こぼれたボールをそのままプレーした場合、利益を得たことになりオフサイドになる。

オフサイド　利益を得た

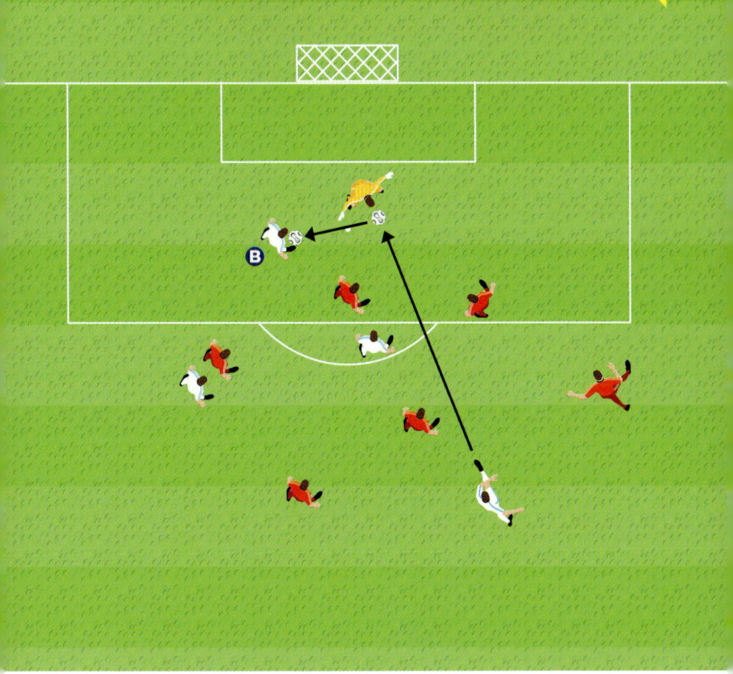

跳ね返ったボールに触れて、プレーしたので、オフサイドポジションにいたⒷはオフサイドの反則となる。クロスバーやゴールポストに跳ね返った場合も、同様に反則になる

オフサイドポジションにいてもプレーに関わらなければ反則にならない

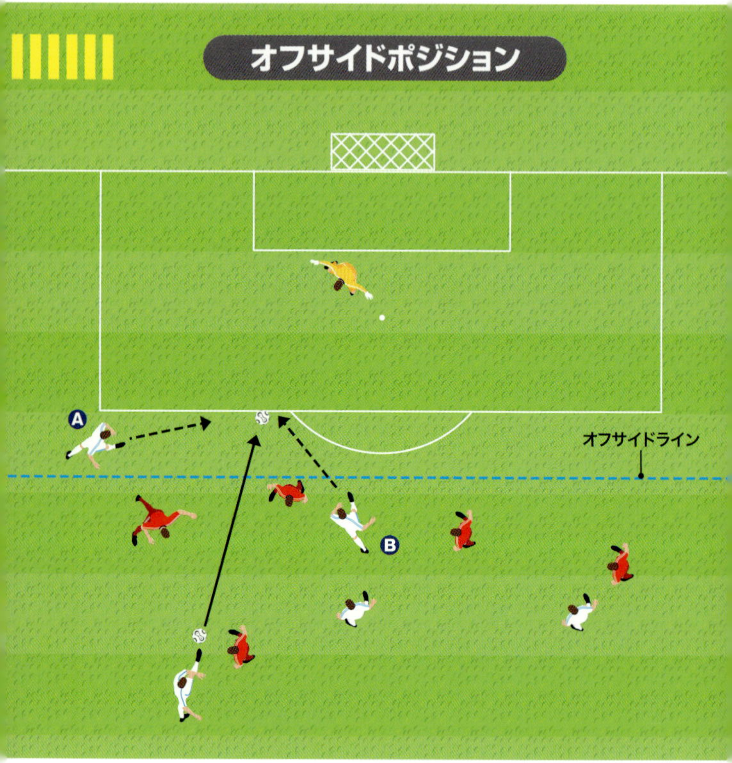

味方プレーヤーがボールを保持しているときに、オフサイドポジションにいた攻撃側プレーヤーⒶと、オフサイドではないポジションにいた味方プレーヤーⒷがともにボールに向かって走った

解説 オフサイドポジションとそうではない味方同士が、パスされたボールに向かい、最終的にオフサイドポジションではないプレーヤーがボールをプレーしたとき、オフサイドのプレーヤーはプレーに関与したことにならず、反則にはならない。

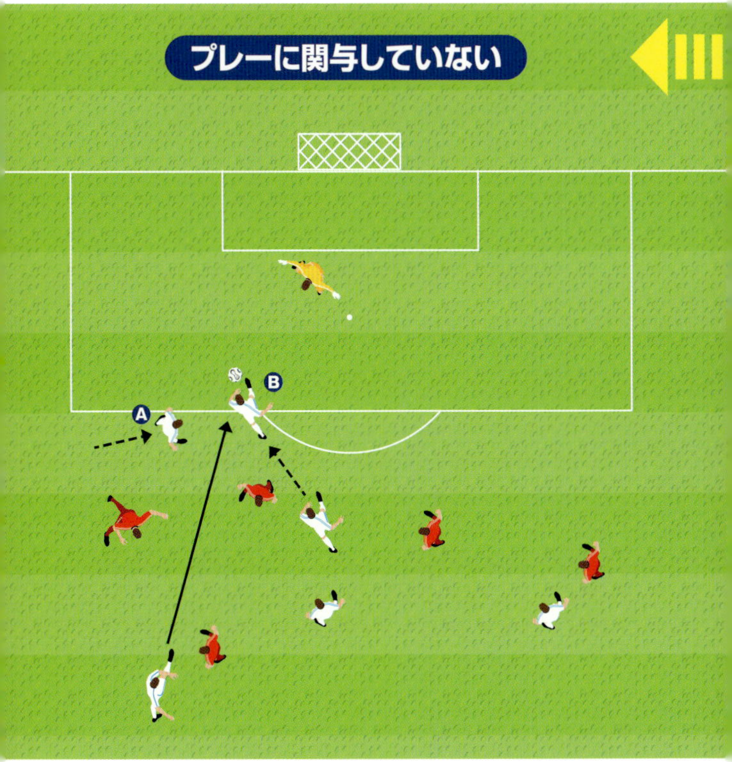

味方プレーヤーがパスを出したときに、最終的にⒷがボールをプレーし、Ⓐはボールに触れなかったので、オフサイドの反則にはならない

オフサイドポジションでパスが出ても ゴールラインを割ればゴールキック

オフサイドポジション

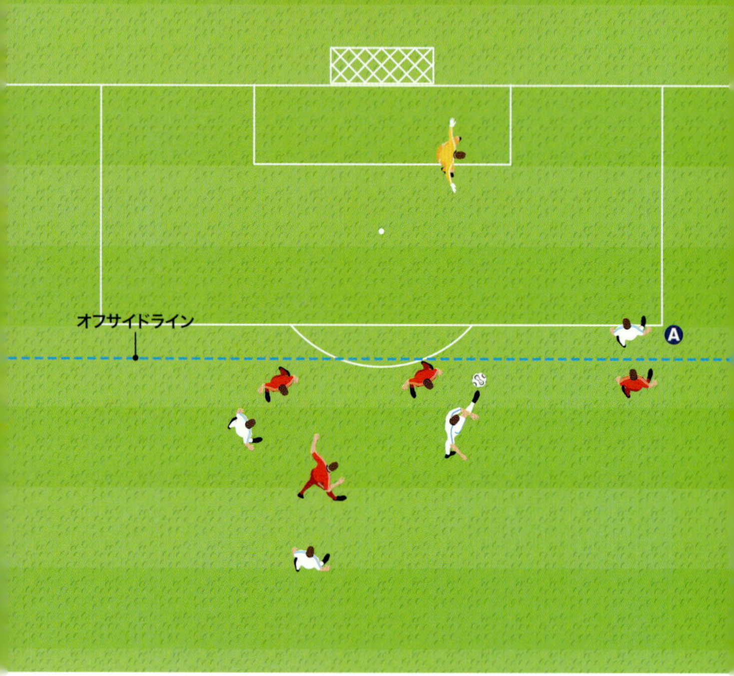

オフサイドポジションにいた攻撃側プレーヤーⒶは味方プレーヤーがパスを出したときに、ボールに向かって走り始めた

解説　オフサイドポジションにいた攻撃側プレーヤーが味方のパスを追いかけたが届かず、ボールがそのままゴールラインを割った場合、プレーを妨害したことにはならず、相手のゴールキックになる。

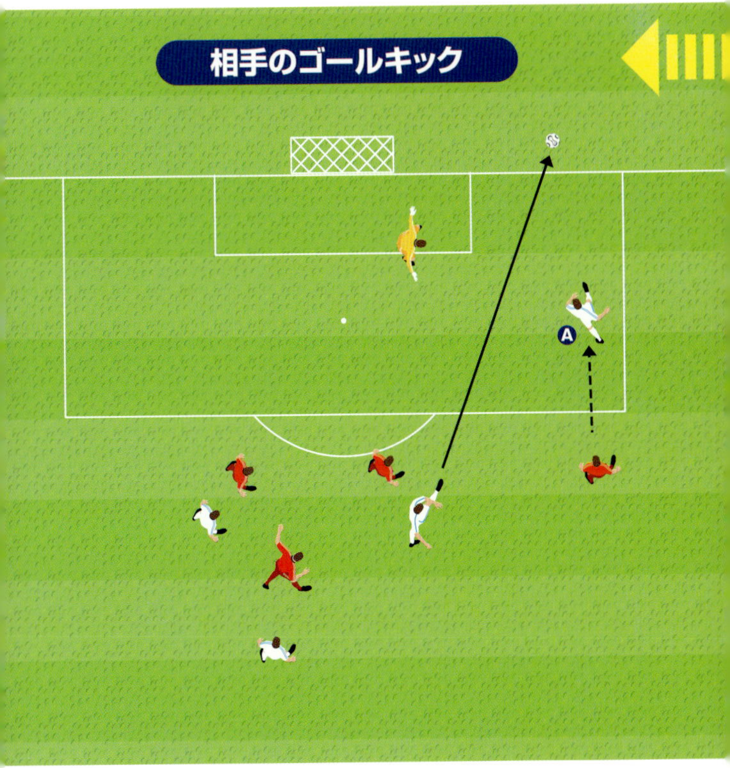

パスされたボールに向かって走ったが、ボールには届かず、そのままゴールラインを割った。副審はゴールキックのシグナルを示した

パスが守備側に当たった場合はコーナーキックになる

味方プレーヤーからパスが出され、オフサイドポジションにいる攻撃側プレーヤーⒶはボールに向かって走ったが、ボールは守備側プレーヤーⒷに当たってそのままゴールラインを割った

解説 味方のパスが守備側のプレーヤーに当たりゴールラインを割ったとき、オフサイドポジションにいるプレーヤーがボールに向かっても相手のプレーを妨げたり、混乱させていないので反則にならない。

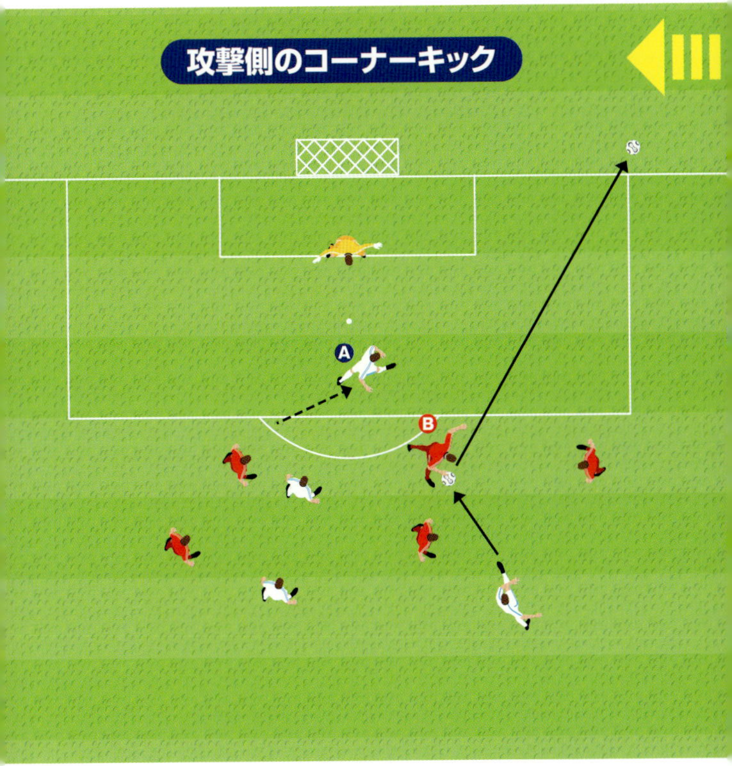

Ⓐは相手プレーヤーがプレーする、あるいはプレーする可能性を妨げていない。また、身振りや動きでⒷを惑わせたり、混乱させたりしていない。よってオフサイドの反則にはならず、攻撃側のコーナーキックとなる

オフサイドポジションの選手が関わらなければ反則ではない

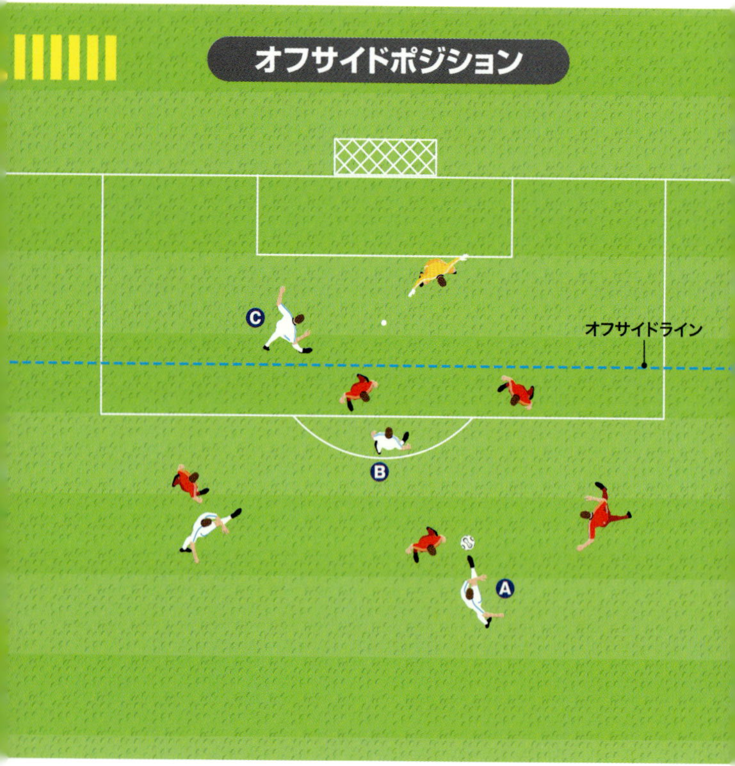

味方プレーヤーⒶがシュートしたボールがゴールキーパーから跳ね返って、オフサイドではないポジションにいたプレーヤーⒷがボールをプレーした

解説 攻撃側のシュートを相手GKが弾き、ノーオフサイドのプレーヤーがこぼれたボールをプレーした。オフサイドポジションにいたプレーヤーはボールに触れず、利益も得ていなければ反則ではない。

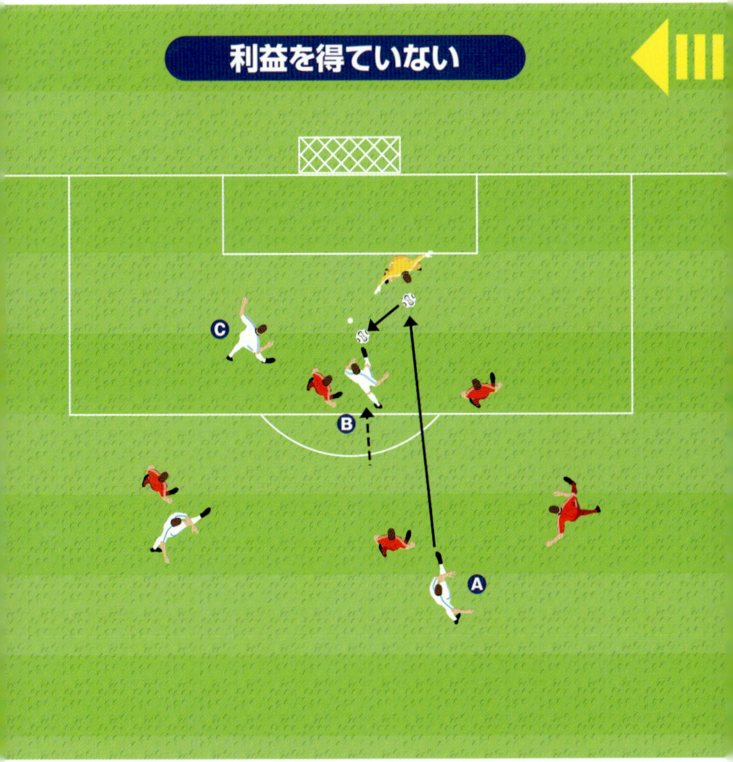

プレーヤーⒸはオフサイドポジションにいたが、ボールに触れず、オフサイドポジションにいたことによって利益を得ていないので、オフサイドの反則にはならない

ボールの位置によってオフサイドラインが変わる

攻撃側の©はオフサイドポジションにいたが、プレーに関与していない。ⒶがオフサイドではないポジションにいるⒷにボールをパスし、Ⓑは相手ゴールに向かって走った

解説 オフサイドポジションではなかった攻撃側プレーヤーが、味方からのパスを受けてドリブルで持ち込み、守備側が作っていたオフサイドラインを突破した場合、ボールの位置がオフサイドラインに変わる。

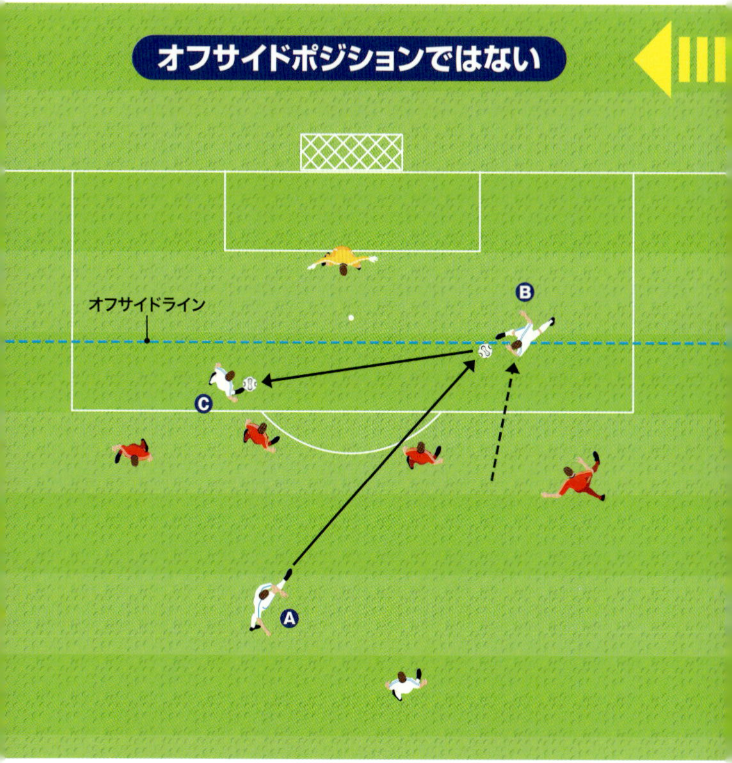

守備側のプレーヤーの位置にかかわらず、ボールの位置がオフサイドラインになり、ⒷからⒸにボールがパスされたとき、Ⓒはオフサイドではないポジションにいたことになるので罰せられない

ルールの歴史②

ルールの統一と制定

Column2

パブリックスクールの代表者たちがルールを制定

「カルチョ」という呼び名でサッカーが広まっていたイタリアで、1580年に初めて「カルチョのルール」が出版されました。しかし、近代スポーツとしてのサッカー誕生に大きく寄与したのは、18世紀のイングランドにおけるパブリックスクールです。

ただ、当初、サッカーは教育の手段として考えられていたにもかかわらず、文書化されたルールは存在していませんでした。「すべきことはする、してはいけないことはしない」という自己規制による『規範』こそが、彼らにとってのルールだったのです。また、その規範はスクールごとに異なっていたため、他校との試合では理念の違いから混乱が起きることもしばしばでした。

そこで1848年、ルールの統一を目指した各スクールの代表者によって、「道理にかなっているか、公平か、実際的か」の3つの柱をもとに制定されたのが、14条からなるケンブリッジルールです。

PART

3

ファウルとフリーキック

プレー中の不正行為に対しては、相手チームにフリーキックおよびペナルティーキックが与えられる。ここでは、直接フリーキックになる12の反則と、間接フリーキックになる9の反則をしっかり覚えておこう。

FKのやり方①

フリーキックには直接FKと間接FKがある

インプレーにならない場合はやり直しをする

ＦＫには直接ＦＫと間接ＦＫがあります。直接ＦＫの場合は、ボールが相手ゴールに直接入ったときに得点となります。間接ＦＫの場合は、相手ゴールに直接入ったときは相手にゴールキックが与えられます。守備側のペナルティーエリア内からのＦＫでは、ボールが蹴られて明らかに移動すればインプレーになります。また、ペナルティーエリア外からのＦＫでもボールが蹴られて明らかに動いたときにインプレー。

直接FKと間接FKの違い

直接FK	間接FK
P89の表にあるキッキングなどの12項目の反則を犯した場合、直接FKが相手チームに与えられる。直接FKはボールが相手ゴールに直接入った場合、得点となる。自陣のゴールに直接入った場合、相手チームにコーナーキックが与えられる。	P101の表にあるオブストラクションなどの反則を犯した場合、間接FKが相手チームに与えられる。間接FKはボールが相手ゴールに直接入った場合、ゴールキックになり、自陣のゴールに直接入った場合、相手チームのコーナーキックになる。

ペナルティーエリア外の場合

ペナルティーエリア外からのフリーキックは、直接、間接を問わず、ボールが蹴られて明らかに移動すればインプレーとなる

ペナルティーエリア内の場合

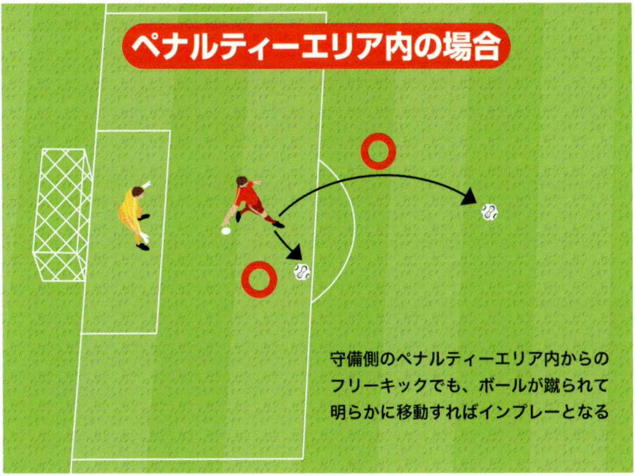

守備側のペナルティーエリア内からのフリーキックでも、ボールが蹴られて明らかに移動すればインプレーとなる

フリーキックのとき相手選手は9.15m以上離れる

規定の距離より近いとやり直しになる

　FKのとき、相手プレーヤーは9・15m以上ボールから離れなければなりません。ただし、攻撃側の間接FKで、守備側が自分のゴールポスト間のゴールライン上に立つ場合を除きます。相手プレーヤーが規定の距離よりボールの近くにいる場合、FKのやり直しになります。

　ゴールエリア内の場合、守備側は任意の地点、攻撃側は反則の起きた地点に最も近いゴールラインに平行なゴールエリアのライン上から行い、ペナルティーエリア外の場合は、反則の起きた地点から行います。

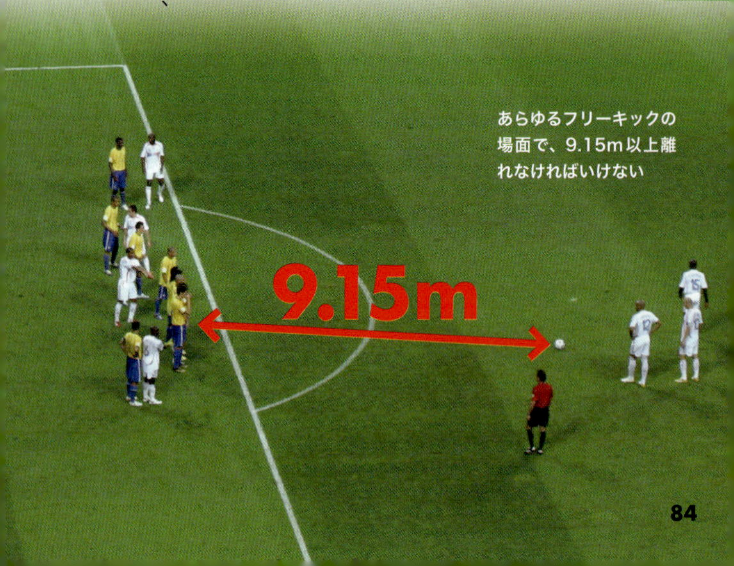

あらゆるフリーキックの場面で、9.15m以上離れなければいけない

距離が近すぎる

相手プレーヤーが規定の距離よりボールの近くにいてはいけない。また、意図的に規定の距離を守っていないと判断された場合、そのプレーヤーは警告の対象となる

他のプレーヤーがボールに触れるまでは再び触れてはならない

FKのやり方③

手以外で触れた場合は間接
手で扱った場合は直接FK

ボールがインプレーになって他のプレーヤーが触れる前に、キッカーが手以外でボールに再び触れた場合、間接FKが相手チームに与えられます。また、キッカーが意図的にボールを手で扱った場合は直接FKが、自陣ペナルティーエリア内だった場合はPKが相手チームに与えられます。

　キッカーがGKで、かつペナルティーエリア外で意図的にボールを手で扱ったら直接FKが、自陣ペナルティーエリア内で起きたら間接FKが相手チームに与えられます。

インプレー直後にGKが自陣ペナルティーエリア外で意図的にボールを手で扱った場合、相手チームに直接FKが与えられ、自陣ペナルティーエリア内の場合は、間接FKが相手チームに与えられる

フリーキックの反則と罰則

フリーキックのやり直しになる場合

FKを行うとき、相手が規定の距離よりボール近くにいる	再びキックを行う
ペナルティーエリア内で守備側がFKを行ったが直接インプレーにならなかった	再びキックを行う

罰則を受ける場合

インプレーになって他の競技者に触れる前に、キッカーが手以外でボールに再び触れた場合	反則の起きた地点から間接FKが相手に与えられる
インプレーになって他の競技者に触れる前に、キッカーが意図的に手で扱った場合	反則の起きた地点から直接FKが与えられる。自陣ペナルティーエリア内の場合はPK

GKがFKをするときの反則と罰則

インプレーになって他の競技者に触れる前に、自陣ペナルティーエリア外で意図的にボールを手で扱った	反則の起きた地点から行う直接FKが相手チームに与えられる
インプレーになって他の競技者に触れる前に、自陣ペナルティーエリア内で意図的にボールを手で扱った	反則の起きた地点から行う間接FKが相手チームに与えられる

12項目の反則を犯すと相手チームの直接FK

直接FKになる場合①

ボールが静止した状態で蹴り出す

プレーヤーが左ページの①～⑦の反則をペナルティーエリア外で不用意に、無謀に、あるいは過剰な力で犯したと主審が判断した場合、また、⑧～⑫の反則を犯したとき、直接フリーキックが相手チームに与えられます。

直接フリーキックは反則の起きた地点で、ボールを静止させた状態から行い、ボールが相手ゴールに直接入った場合、得点となります。

また、キックが自分のゴールに直接入ってしまった場合、相手チームにコーナーキックが与えられます。

ペナルティーエリア外で反則が起きた場合、その地点からフリーキックが行われる

直接FKになる反則

プレーヤーが①～⑦の反則を不用意に、無謀に、あるいは過剰な力で犯したと主審が判断したとき、また、⑧～⑫の反則を犯したとき、直接フリーキックが相手チームに与えられる

①キッキング	相手を蹴る、あるいは蹴ろうとする
②トリッピング	相手をつまずかせる、あるいはつまずかせようとする
③ジャンピングアット	相手に飛びかかる
④ファウルチャージ	相手にチャージする
⑤ストライキング	殴ったり、ヒジなどで相手を打つ、あるいは打とうとする
⑥プッシング	相手を押す
⑦ファウルタックル	相手にタックルする
⑧ホールディング	相手を押さえる
⑨スピッティング	人をかむ、または人につばを吐く
⑩ハンドリング	意図的にボールを手、または腕で扱う（自陣ペナルティーエリア内のGKを除く）
⑪コンタクト・インピーディング	身体的接触して相手を妨げる
⑫スローイングオブジェクト	物をボールや選手や審判員に投げる

相手の足を蹴ったりつまずかせるのは反則

反則

キッキング

相手プレーヤーを蹴る、または蹴ろうとすること。実際に蹴らなくても、その行為だけで反則になる

ボールではなく、相手プレーヤーの足を狙って、蹴りにいっているので、反則になる

反則 トリッピング

相手プレーヤーをつまずかせたり、つまずかせようとすること。ヘディングの競り合いで身をかがめて相手を倒そうとすることも反則になる

スライディングで故意に相手の足を狙い、つまずかせたため、反則になる

相手に飛びかかったりチャージするのは反則

ボールを取りにいくときに、相手に飛びかかり、当たりにいってしまっている

反則

ジャンピングアット

相手プレーヤーに飛びかかること。ヘディングのふりをして相手に飛びかかれば、それも反則になる

ファウルチャージ

反則

ボールをキープしながら、自分の肩で相手プレーヤーの肩をチャージするとき、不用意に、無謀に、あるいは過剰な力だった場合は反則

ボールを取りにきた相手プレーヤーに無謀に肩でぶつかっていったので反則

殴打や押して相手のプレーを妨げる行為は悪質な反則

直接FKになる場合④

反則

ストライキング

相手プレーヤーを殴ること、あるいは殴ろうとすること。GKやスローインをするプレーヤーが、ボールを相手プレーヤーに強くぶつける行為も反則になる

反則

プッシング

手や腕などカラダを使って相手プレーヤーを押すこと

後ろから両腕で相手を押してしまったので、プッシングの反則になる

相手選手に触れるタックルや相手を押さえ込むと反則

スライディングタックルをしかけたが、不用意に相手プレーヤーに触れてしまった

反則

ファウルタックル

不用意に、無謀に、あるいは過剰な力で相手にタックルすると反則になる

反則 ホールディング

相手プレーヤーのカラダやシャツをつかんだり、押さえ込んだりすると反則になる

ボールを奪いにいくとき、相手のシャツをつかんで、引っ張ったため、ホールディングの反則になる

悪質なハンドやつば吐き行為は警告や退場の対象

反則 スピッティング

人をかむ、または人につばを吐くこと

競技中に相手プレーヤーに対して、
つばを吐きかけてしまったため、
スピッティングの反則になる

反則 スローイングオブジェクト

物やボールを、選手や審判員に投げると反則になる

ハンドの反則の対象となるカラダの部位で腕の上限は、脇の下の最も奥の位置まで。肩にボールが触れても反則にならない

反則 ハンドリング

意図的に手や腕でボールを運んだり、当てたりすること。偶然にボールが手や腕に当たった場合でも、直接または手や腕に触れた直後に得点する、手や腕を用いて不自然にカラダを大きくした場合にはハンドの反則となる

反則 コンタクト・インピーディング

身体的な接触を伴って相手競技者の進行を妨げる反則で、オブストラクション（間接FK）は身体的接触がないが、コンタクト・インピーディングは身体的接触がある場合

危険なプレーなどの反則は相手チームの間接FKになる

間接ＦＫになる場合①

間接ＦＫは反則の起きた地点から行う

ゴールキーパーが自分のペナルティーエリア内で左ページ上の４項目の反則を、また、プレーヤーが左ページ下の反則を犯したと主審が判断した場合、間接ＦＫが相手チームに与えられます。

間接ＦＫは反則の起きた地点で、ボールを静止させた状態から行い、ボールが相手ゴールに入る前に他のプレーヤーに触れた場合のみ、得点となります。ボールが相手ゴールに直接入った場合はゴールキックになり、自陣ゴールに直接入った場合は、相手チームにＣＫが与えられます。

他のプレーヤーが触れた場合のみ、間接フリーキックが入ったときに得点になる

間接フリーキックになる反則

ゴールキーパーの反則(ペナルティーエリア内)
①ボールを手でコントロールして、放すまでに6秒を超えてしまう
②ボールを手から放した後、他のプレーヤーが触れる前に再びそのボールに触れる
③味方プレーヤーによって、意図的にゴールキーパーに向かってキックされたボールを手で触れる
④味方プレーヤーによってスローインされたボールを直接手で受けて触れる

プレーヤーの反則(ペナルティーエリア内)
①危険な方法でプレーする
②身体的接触を伴わずに相手の進行を妨げる(オブストラクション)
③攻撃的な、侮辱的な、または、下品な発言や身振り、あるいは、その他の言葉による反則で異議を示した場合
④ゴールキーパーがボールから手を放すのを邪魔する
⑤第12条に規定されていないもので選手を警告、あるいは退場させるためにプレーを停止することになる反則を犯す

ゴールキーパーは6秒を超えてボールを手で扱ってはならない

6秒ルール

ゴールキーパーはボールを手から放さずに、ボールを手でコントロールしている間に6秒を超えると反則になる

6秒以内にボールを放せば反則にならない

6秒を超えた時点で反則になり、相手の間接FKになる

ボールを手から放した後、再び手で触れた場合

反則

ボールを手から放して、他のプレーヤーが触れる前に、そのボールに手で再び触れると反則になる

GKは味方からのパスを手で扱ってはならない

反則

間接FKになる場合③

ゴールキーパーがパスを手で触れた場合

味方プレーヤーによって意図的にゴールキーパーに向けてキックされたボールは手で触れることはできない

意図せずにゴールキーパーに渡ってしまったキック、また、意図的であっても足以外でパスされたボールであれば、ゴールキーパーはそのボールを手で扱うことができる

反則 スローインを直接手で触れた場合

味方プレーヤーによってスローインされたボールを直接受けて、手で触れても反則になる

危険なプレーや相手の進路妨害も間接FKの対象

反則　危険なプレー

相手プレーヤーのすぐ前で足を高く上げるなど、相手プレーヤーを危険にさらすようなプレーは反則となる

反則　自分から頭を出した

相手プレーヤーが蹴ろうとしているボールにヘディングをしようとするなど、自分を危険にさらすようなプレーは、頭を出した方が反則となる

反則

言葉による異議

攻撃的な、侮辱的な、または下品な発言や身振り、あるいは、その他の言葉による反則で異議を示した

反則

オブストラクション

ボールをプレーする意図がないのに、進路を妨害したり、ボールから離れている場所で、相手プレーヤーの前進を遅らせる目的で進路に割り込むと反則

壁になるように、ボールと相手プレーヤーの間に入って、プレーを妨害している

ゴールキーパーがボールを手から放すのを妨げてはならない

反則

GKのプレーを妨げた場合

ゴールキーパーがボールを離そうとしている前で、両腕でブロックしたりして邪魔をする行為は反則

ゴールキーパーが手で持っていたボールを蹴ろうとするのを邪魔しても反則になる

審判員や味方競技者、チームスタッフに対する反則は?

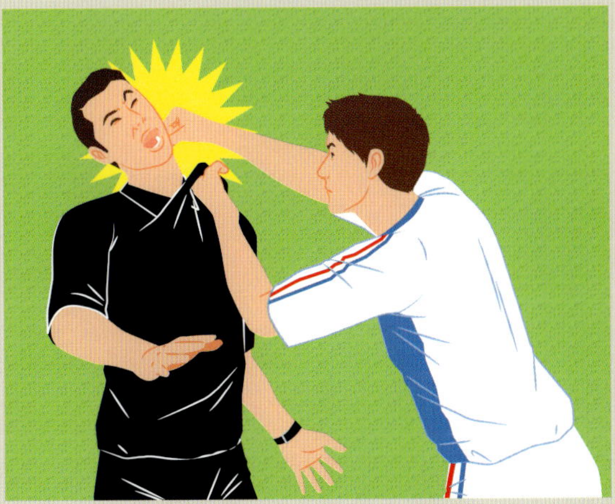

審判員や味方競技者、チームスタッフに対して乱暴な行為などをした場合の反則は直接フリーキックで罰する。

Column3

ルールの歴史③

競技規則の成立

1938年に競技規則のひな型が作られた

　1863年、ロンドン郊外の15クラブのキャプテンが中心となって、イングランドで世界最古のサッカー協会「ザ・フットボール・アソシエーション(The FA)」が結成されます。それに伴い、ケンブリッジルールを参考に、どのクラブ間でも共通に試合のできる、サッカー最初の競技規則も制定されました。

　その後、1882年にイギリス4協会（イングランド、スコットランド、ウェールズ、北アイルランド）によって、規則を改正する権限をもった世界で唯一の機関「国際サッカー評議会（IFAB）」が誕生。

　1904年に設立された国際サッカー連盟（FIFA）も、のちにIFABの一員に加わり、今日までサッカーのルールに関する重要事項の審議や決定を行っています。

　その後、スタンレー・ラウス卿の提案で、現在の17条からなる競技規則が作られたのが1938年。細かい改正は何度もあったものの、17条という基本的な構成は約80年経った現在も変わっていません。

PART

4

警告と退場

フェアプレーが前提のサッカーの試合において、悪質な反則を犯したプレーヤーは懲戒罰処分の対象となる。ここでは警告となる8の反則、退場となる8の反則を確認して、相手やレフェリーを尊重してゲームを楽しもう。

反スポーツ的行為など8項目が警告の対象

交代要員も警告される

プレーヤーは、フィールドの内外を問わず、反スポーツ的行為を犯したときや、言葉または行動によって異議を示したとき、プレーの再開を遅らせたときなど、主審に警告されイエローカードを示されます。また、交代要員あるいは交代して退いたプレーヤーは、P113の下の表にある6項目の反則を犯した場合に警告され、イエローカードを示されます。ユース、年長者、障がい者およびグラスルーツのサッカーにおいて警告の項目のすべてであるいは警告の項目の一部に対して、一時的退場（シンビン）を導入できます。

警告となる反則

プレーヤーが次の8項目の反則を犯した場合、警告されイエローカードを示される

1. 反スポーツ的行為を犯す
2. 言葉または行動によって異議を示す
3. 繰り返し反則する
4. プレーの再開を遅らせる
5. コーナーキック、フリーキック、スローインまたはドロップボールでプレーを再開するとき、規定の距離を守らない
6. 主審の承認を得ず、フィールドに入ったり、復帰したり、意図的にフィールドから離れる
7. レフェリーレビューエリアに入る
8. （主審がレビューのために用いる）TVシグナルを過度に示す

交代要員あるいは交代して退いたプレーヤーは、次の6項目の反則を犯した場合、警告されイエローカードを示される

1. 反スポーツ的行為を犯す
2. 言葉または行動によって異議を示す
3. プレーの再開を遅らせる
4. 主審の承認を得ずフィールドに入る、または復帰する
5. レフェリーレビューエリアに入る
6. （主審がレビューのために用いる）TVシグナルを過度に示す

反スポーツ的行為や審判への異議はイエローカードが示される

相手プレーヤーの後ろからカラダを強く抱えてしまうのは反スポーツ的行為

反則

反スポーツ的行為

プレーヤーに危険を及ぼすようなラフプレー。大袈裟に負傷したふりをしたり、ファウルされたふりをして主審を欺くシミュレーション。また、強くシャツを引っ張ったり、腕をホールドする、ジャージを脱ぐといった行為は、すべて反スポーツ的行為になる

反則 言葉、または行動によって異議を示す

主審の決定に対し、言葉または行動によって異議を示すプレーヤーは、警告されイエローカードが示される

両手を広げた大きな身振りで、
異議を示すのは反則

規定の距離を守らなかったり遅延行為は警告の対象

反則

プレーの再開を遅らせた

主審がやり直しを命じるように、わざと違った位置からフリーキックを行ったり、プレーの停止後、ボールを遠くに蹴ったり手で持ち去る。交代の際、フィールドから離れることを遅らせるなど、わざとプレー再開を遅らせるプレーヤーは警告される

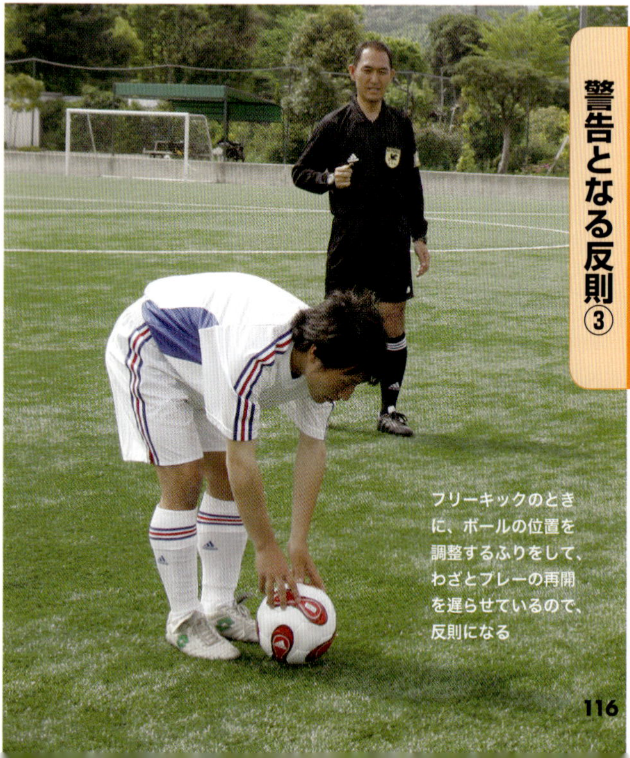

フリーキックのときに、ボールの位置を調整するふりをして、わざとプレーの再開を遅らせているので、反則になる

CK、FKでプレー再開時、規定の距離を守らなかった

コーナーキック、フリーキックまたはスローインでプレーを再開するとき、規定の距離（コーナーキックとフリーキックは相手プレーヤーが9.15m、スローインは相手プレーヤーが2m）を守らないと警告になる

フリーキックでプレーを再開するとき、相手プレーヤーが9.15m以内に入ってきたため、相手プレーヤーに警告が与えられる

主審の承認なくフィールドに入ったり、離れてはならない

主審の承認を得ずに、フィールド内に入る、復帰する

インプレー、アウトオブプレーにかかわらず、主審だけがプレーヤーのフィールドへの復帰を認める権限を持っている。そのため、主審の承認を得ずにフィールドに入る、または復帰するとイエローカードが示される

主審が気づかないうちに、承認を得ずにフィールドに入ってしまった

主審の承認を得ずに、意図的にフィールドから離れる

主審の承認を得ないで、意図的にフィールドから離れたプレーヤーは、警告されイエローカードが示される

交代をするときに、主審の承認を得ていないのに、勝手にフィールドから離れてしまった

レフェリーレビューエリアに入る

主審がプレーの確認を行うためのレフェリーレビューエリアに、選手が入ると警告となる

選手がTVシグナルを示す

主審がレビューのために用いるTVシグナルを、選手が過度に示すと警告となる

著しく不正なプレーを犯したなど8項目が退場の対象

退場となる反則①

乱暴な行為などの反則はレッドカードを示される

プレーヤーは、ゴールに向かっている相手プレーヤーの決定的な得点の機会を阻止したときや、同じ試合の中で、2つ目の警告を受けたときなど、次のP121にある8項目で反則を犯した場合に退場を命じられ、主審によってレッドカードが示されます。

そして、退場を命じられたプレーヤーは、フィールド周辺およびテクニカルエリア周辺から離れなければいけません。

退場となる反則

プレーヤー、交代要員あるいは交代して退いたプレーヤーは、次の8項目の反則を犯した場合、退場を命じられ、レッドカードを示される。

1 著しく不正なプレーを犯す

2 乱暴な行為を犯す

3 人をかむ、または人につばを吐く

4 相手チームの得点、あるいは決定的な得点の機会を、自分のペナルティーエリア内にいるゴールキーパー以外のプレーヤーが意図的に手を使って阻止した場合

5 フリーキックあるいはペナルティーキックになる反則をして、ゴールに向かっている相手プレーヤーの決定的な得点の機会を阻止した場合（警告になる条件を除く）

6 攻撃的な、侮辱的な、あるいは下品な発言や身振りをする

7 同じ試合の中で警告（イエローカード）を2回受けた場合

8 ビデオオペレーションルームに入る

著しく不正なプレーにはレッドカードが示される

反則

著しく不正なプレー

粗暴な行為を犯したプレーヤーは、退場を命じられ、レッドカードが示される

シューズ（スパイク）の裏を相手に向けたスライディングは、著しく不正なプレーになるため、退場になる

反則 つばを吐きかける

相手プレーヤーあるいはその他の者につばを吐きかけたプレーヤーは、退場を命じられる

反則 2つ目の警告で退場になる

警告となる反則を犯したプレーヤーが、同じ試合の中で、2つ目の警告となる反則を犯すと、退場になり、主審にレッドカードが示される

警告となる反則(P113参照)

▼

イエローカード(警告)

▼

同じ試合中で2つ目の警告となる反則

▼

レッドカード(退場)

手を使った得点の阻止は退場になる

GKがペナルティーエリアの外で手でボールを扱った

守備側のゴールキーパーがペナルティーエリアの外で手でボールを扱って、相手チームの得点を阻止した場合、退場が命じられる

反則

シュートを止めるために、飛び出して手で弾いたが、ペナルティーエリアの外なので退場になる

守備側のプレーヤーが手でボールを扱った

ボールがゴールに入る（得点になる）直前に、守備側のプレーヤーが手で扱った場合、攻撃側のチームにペナルティーキックが与えられ、守備側のプレーヤーは退場が命じられる

トリップなどで、決定的な得点の機会を阻止したら退場になる

守備側がトリップした

攻撃側のプレーヤーが相手ゴールに向かっているときに、守備側のプレーヤーがトリップして決定的な得点の機会を阻止した場合、守備側のプレーヤーは退場になる。ただし、ペナルティーエリア内では、手による反則とボールにプレーしようとしていない反則、ペナルティーエリア外でも退場になる反則以外は警告とする

ゴールに向かっている攻撃側プレーヤーを守備側がトリップしたので反則

GKが攻撃側のプレーヤーをおさえた

守備側のゴールキーパーが、ゴールに向かっている攻撃側のプレーヤーをおさえ、相手チームの決定的な得点の機会を阻止した場合、退場が命じられる。ただし、ペナルティーエリア内では、手による反則とボールにプレーしようとしていない反則、ペナルティーエリア外でも退場になる反則以外は警告とする

ビデオオペレーションルームに入る

ビデオオペレーションルームに侵入すると、退場となる

Column4

ルールの歴史④

グリーンカード

フェアプレー精神や助け合いの心の育成が目的

現在のルールでは、イエローカードやレッドカードが反則に対する罰則としてプレーヤーに示されます。

その一方、12歳以下の試合では、通常のイエローカード、レッドカードの他に、プレーヤーのポジティブな行為を認める〝しるし〟として、「グリーンカード」の使用が奨励されています。

この制度は、フェアプレー精神やプレーヤー同士の助け合いといった行動の育成が、幼年期のプレーヤーに対して重要という考えから、日本サッカー協会が２００２年に掲げた「ＪＦＡキッズプログラム」内の一環として提案されたものです。

グリーンカードは、怪我をした選手に思いやりのある対応をしたとき、意図していないファウルプレーの際に謝罪や握手をしたとき、スローインやコーナーキックなどを自己申告したときなどに、そのプレーヤーに対して示されます。

また、試合全体を通し、警告も退場も受けず、ポジティブな態度でプレーしたチームに対して示されます。

PART

5

フィールドと用具

ここでは、試合を行う前に知っておくべき最も基本的なレギュレーション（実施要項）を紹介する。国際試合や日本サッカー協会、各都道府県協会が主催するゲーム、また各年代の大会などは、ここに記された内容を基準に試合が進められることになる。

メンバー表は試合前の決められた時間までに提出

メンバー表

メンバー全員のフルネームを記入して提出すること

メンバー表は試合前の決められた時間までに提出するものです。その競技会における専用の用紙に記入し、審判に提出するのが一般的です。

ただし、最近ではJリーグや公式競技会などのように、コンピューターで管理するケースも増えています。いずれの場合も、先発のゴールキーパー1人を含めたスターティングメンバー全員のフルネーム、そして定められた人数以内の交代要員のフルネームを書き入れ、それらのプレーヤー以外は試合に出場することはできません。

試合前の様子。あらかじめ提出しているメンバー表に書かれた競技者が試合に出場することができる

メンバー表は各競技会の専用の用紙のほかに、一般用に市販されているものもある。写真はその一例

プレーヤーを交代する際は選手交代カードを提出

第4の審判員に提出し、指示に従う

「交代順番」欄には、1、2、3…と、その試合で定められた交代回数の範囲内で数字を書き入れます。「OUT」は退くプレーヤー、「IN」はフィールドに入るプレーヤーです。

交代時間と、監督のサインを記入したら第4の審判員に提出します。第4の審判員は、交代要員の用具をチェックし、試合の停止中に交代ボードで主審に合図します。主審から交代の許可が下りたら、退くプレーヤーがフィールドの外に出て、その後に交代要員がハーフウェーラインのところからフィールドに入ります。

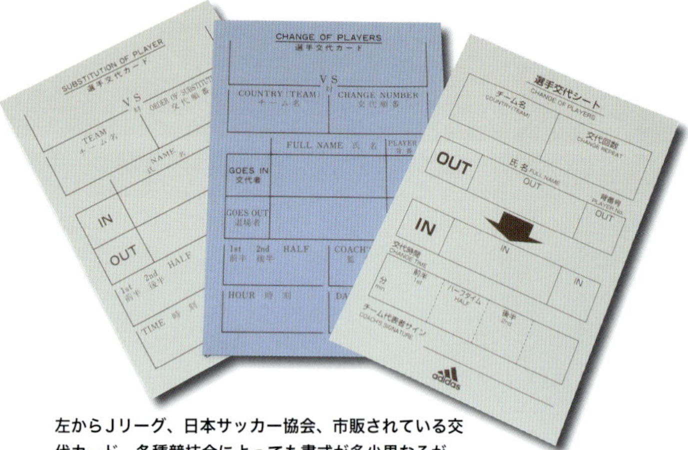

左からJリーグ、日本サッカー協会、市販されている交代カード。各種競技会によっても書式が多少異なるが、内容はどれも同じ

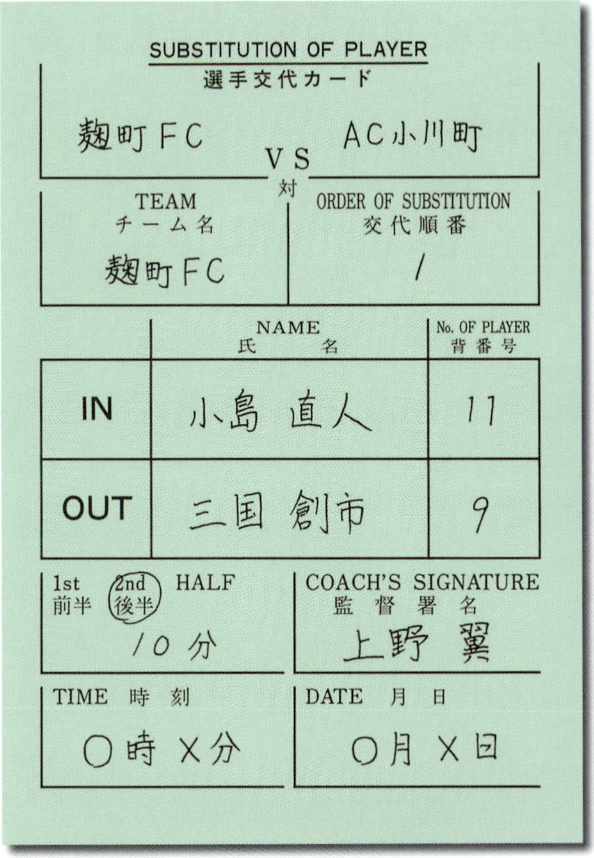

SUBSTITUTION OF PLAYER
選手交代カード

麹町FC VS 対 AC小川町

TEAM チーム名	ORDER OF SUBSTITUTION 交代順番
麹町FC	1

	NAME 氏名	No. OF PLAYER 背番号
IN	小島 直人	11
OUT	三国 創市	9

1st 前半 2nd 後半 HALF	COACH'S SIGNATURE 監督署名
10分	上野 翼

TIME 時刻	DATE 月日
○時 ×分	○月 ×日

必要事項をすべて記入してから、第４の審判員に提出しよう

チーム状況を正確に把握するため きちんと作成することが望ましい

作成・提出義務はないが、データ蓄積に使おう

スコアブックには、自分たちのチームと対戦チームの出場競技者名、各競技者のシュート数、ＣＫやＦＫといったセットプレーの数、得点経過などを書き込みます。詳細に記入しておくことで、試合における両チームの評価はより明確になります。

また、試合を重ねてデータが蓄積されていけば、それだけチームの長所や問題点を正確に、かつ客観的に捉えられるようになります。ただし、スコアブックは作成や提出が義務づけられているものではないので、各チームで工夫して使用しましょう。

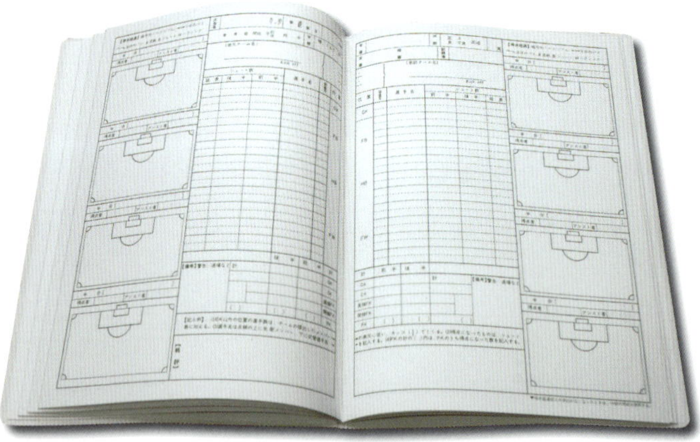

スコアブックなら、チームのデータを客観的に見ることができる

作成や提出の義務はないが、
試合ごとにしっかりスコアを
付けることで、分析して振り
返ることができる

競技者が7人未満の場合は試合をすることができない

交代要員の氏名は試合開始前に届ける

サッカーの試合は11人以下のプレーヤーからなる2つのチームによって行われます。一方および両方のチームが開始時に7人未満だった場合は、試合を開始できません。

　また、試合中の退場処分などで7人未満になった場合も試合は成立しません。主審はその出来事を関係機関に報告します。

　交代については、公式競技会では定められた3人から最大15人までの範囲で交代要員の数を明記し、試合開始前に主審に届けておく必要があります。

競技者数と交代人数

競技者の数	11人以下		
ゴールキーパー	競技者のうち1人		
交代人数	公式競技会	国際Aマッチ、トップディビジョンにおけるクラブのトップチーム	最大5人
		それ以外	最大5人
	その他の試合	国際Aマッチ	最大6人
		それ以外	関係チームの合意と、試合前の主審への通知があれば、より大人数の交代ができる

交代要員の競技者もチームの一員として、勝利を望んでいる

ポジション

サッカーのポジションはGK、DF、MF、FWの4つ

GKは必ず1人置く。その他の配置は自由

サッカーのポジションは、ゴール前でボールを手で扱うことのできるゴールキーパー（GK）、守備的な役割を担うディフェンダー（DF）、DFとFWのつなぎ役となるミッドフィルダー（MF）、攻撃的な役割を担うフォワード（FW）の4つに分類されます。

GKは必ず1人置かなければなりませんが、残り10人のフィールドプレーヤーについては、それぞれのポジションを何名、また、どのような配置で起用するのかは自由です。

試合開始前にプレーヤーたちは各ポジションに散らばっている

GK「ゴールキーパー」

ゴールを守るプレーヤー。唯一、自陣ペナルティーエリア内で、手でボールを扱える。ペナルティーエリアを出ると他のフィールドプレーヤーと同様に、スローイン以外の手の使用は禁止。チームを構成する者の中に、1人だけGKを置かなければならず、GKは他のプレーヤー、審判と見分けがつくように異なる色のシャツの着用を義務づけられている。

DF「ディフェンダー／バックス」

自陣ゴールに近い位置で主に守備的な役割を担う。ディフェンスラインの左右に入るサイドバックや、中央で相手FWをマークするストッパー、最後尾にいながら積極的に攻撃もするリベロなどに細分化される。味方への的確なコーチングや、相手プレーヤーに対するフィジカルの強さ、高さ、速さといった能力が必要とされる。

MF「ミッドフィルダー／ハーフ」

主にフォワードとディフェンダーの間に位置し、両者をつなぎつつ攻撃と守備の両方に関わる。ディフェンダーの前で相手チームの攻撃の芽を摘み取るボランチや、サイドからドリブルやクロスボールでチャンスを作るサイドハーフ、FWへのアシストや自らもシュートを放って得点を狙うオフェンシブハーフといったタイプがある。

FW「フォワード／トップ」

相手ゴールの一番近くで、得点を取ることを役割とする。前線でパスを受け、カラダを張ってそのボールをキープするのが得意なターゲットマン、ペナルティーエリアの中で激しく動き、味方からのパスをゴールするストライカー、センターフォワードとコンビを組んで、チャンスメイクをしたり、自らもゴールを狙うセカンドストライカーなどがある。

正しい手続きで定められた人数まで選手交代ができる

交代の手続き

氏名の届けられていない交代要員は参加できない

ＦＩＦＡ、各大陸連盟、加盟協会が行う公式競技会の試合では最大5人まで、その他の試合の国際Ａマッチでは最大6人までの選手交代を行うことができます。

また、その他のすべての試合においては、関係チームが最大交代数について合意し、かつ試合前に主審に通知していれば、より多い人数の交代を行うことができます。

なお、すべての試合において、交代要員の氏名は試合開始前に主審に届けなければならず、氏名の届けられていない交代要員は試合に参加できません。

第４の審判員は交代手続きを援助する責任を持ち、交代ボードを使って交代要員を示す

交代の手続き

①交代する前に、主審に交代の通告をする。
②交代して退く競技者は、境界線の最も近い地点から出なければならない。ただし、競技者がハーフウェーラインのところから速やかに出れるときや、主審が他の地点から出るようにと指示した場合を除く。
③交代要員は、交代によって退く競技者がフィールドの外に出た後、主審の合図を受けてから、試合の停止中にハーフウェーラインのところからフィールドに入る。
④交代要員がフィールドに入ったときに交代が完了。その瞬間からその交代要員は競技者となり、交代を完了した競技者は競技者ではなくなる。
⑤交代した競技者は、その試合に再び参加することはできない。
⑥交代要員は、出場するとしないとにかかわらず、主審の権限と職権の行使に従わなければならない。

※ゴールキーパー以外の競技者は、事前に主審に通告をすれば、試合の停止中にゴールキーパーと入れ替わることができる。

反則と罰則

主審の了承を得ないで交代要員がフィールドに入った場合	①プレーを停止する。
	②交代要員を警告し、イエローカードを示して、フィールドから離れるように命じる。
	③プレーを停止したときにボールがあった地点から、間接フリーキックでプレーを再開する。
競技者が主審の了承を得ないでゴールキーパーと入れ替わった場合	①プレーを続ける。
	②ボールが次のアウトオブプレーになったときに、関わった競技者は警告されイエローカードを示される。

試合は競技会規定に基づいて設けられたフィールドで行う

❶コーナーエリア	それぞれのコーナーフラッグポストからフィールドに描く、半径1mの四分の一円弧。
❷ゴールライン	長方形のフィールドの短い方のライン。
❸ペナルティーマーク	それぞれのペナルティーエリア内に、両ゴールポストの中央から11mで両ゴールポストから等距離のところに描くマーク。
❹ペナルティーアーク	ペナルティーマークを中心に、ペナルティーエリアの外に描く半径9.15mの弧。
❺タッチライン	長方形のフィールドの長い方のライン。
❻センターサークル	センターマークを中心点として描いた半径9.15mのサークル。
❼ハーフウェーライン	両サイドのタッチラインの中央同士を結び、フィールドを二等分するライン。
❽センターマーク	ハーフウェーラインの中央にしるすマーク。
❾ペナルティーエリア	両ゴールポストの内側から16.5mの所に直角に16.5mの線を引き、その両端をゴールラインと水平に結んでできた四角いエリア。
❿コーナーフラッグポスト	各コーナーに立てる、旗をつけた先端のとがっていない高さ1.5m以上のポスト。
⓫ゴールエリア	両ゴールポストの内側から5.5mの所に直角に5.5mの線を引き、その両端をゴールラインと水平に結んでできた四角いエリア。
⓬任意のマーク	コーナーアークから9.15m離れたところのフィールドの外側につけることのできる、ゴールラインとタッチラインに対して、それぞれ5cm離して直角に描いたマーク。

サッカーのフィールドは長さ90～120m、幅45～90m

大きさ

サッカーのフィールドは長さ90～120m、幅45～90mの長方形とし、タッチラインの長さはゴールラインの長さより長くなければならない。

国際試合の規定

長さ100～110m、幅64～75mの長方形とする。また、FIFA（国際サッカー連盟）では、ワールドカップ、オリンピック、U-20ワールドカップ大会等でのフィールドの大きさを105m×68mと定めている。

日本サッカー協会の規定

日本国内での国際試合および国民体育大会等の全国的規模の大会でのフィールドの大きさは105m×68mと定めている。またクロスバーおよびゴールポストの幅・厚さは、ともに12cmのものが好ましい。

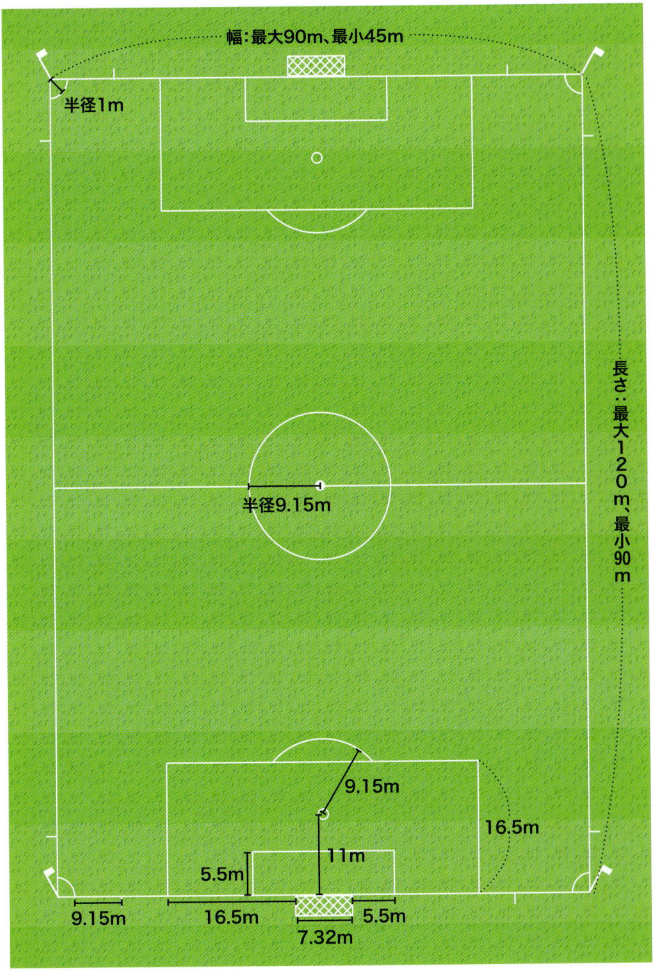
幅：最大90m、最小45m
半径1m
半径9.15m
長さ：最大120m、最小90m
9.15m
16.5m
11m
5.5m
9.15m
16.5m
5.5m
7.32m

ゴールポストとクロスバーは幅12cmを超えてはならない

ゴールの形

ゴールポストとクロスバーは正方形、長方形、円形、楕円形またはこれらの組み合わせのいずれかで、危険なものであってはならない

ゴールの位置

ゴールはコーナーフラッグポストから等距離に垂直に立てられた2本のポストと、その頂点を結ぶ水平なクロスバーからなり、グラウンドに確実に固定しなければならない

幅と厚さ

ゴールポストとクロスバーの幅と厚さは同じで、12cmを超えてはならず、ゴールポストおよびクロスバーの幅はゴールラインの幅と同じにしなければならない。色は白で木材、金属またはその他の承認された材質で作られたものに限られる

ネット

ネットをゴールとその後方のグラウンドに取り付けることができるが、それは適切に支えられ、ゴールキーパーの邪魔にならないようにする

コーナーフラッグは必須
監督はテクニカルエリアで指示

コーナーフラッグ

各コーナーには、先端のとがっていない高さ1.5m以上のコーナーフラッグポストを必ず立てなければならない

コーナーフラッグから、半径1mの円に囲まれた部分をコーナーエリアという。ラインの幅は12cmでなければいけない

テクニカルエリア

チーム役員と交代要員のための座席があるテクニカルエリアは、大きさや場所がスタジアムによって異なる。テクニカルエリアは特定された座席部分から両横に1m、前方にタッチラインから1mの範囲で、エリアを明確にするためにマーキングをすることがすすめられている。トレーナーや医師が主審の承認を得た特別な場合を除き、監督と役員は常にテクニカルエリアの中にいなければならない

危険となるような用具を身につけることはできない

用具の違反があった場合はフィールドから離れて正す

プレーヤーは、自分自身あるいは他のプレーヤーに危険となるような用具やその他のもの（装身具を含む）を身につけることはできません。身につける基本的な用具は、ジャージまたはシャツ、ショーツ、ストッキング、すね当て、靴となります。

また、ゴールキーパーは、他のプレーヤー、主審、副審と区別のつく色の服装をする必要があり、これら用具に関して何らかの違反があった場合、主審は違反をしたプレーヤーに、フィールドから離れて用具を正すように指示します。

基本的な用具

ジャージまたはシャツ	袖のあるものを着用する。アンダーシャツを着用する場合、ジャージ等の袖の主な色と同じ色にする。
ショーツ（パンツ）	スパッツまたはタイツを着用する場合は、主な色がショーツの主な色と同色、または、ショーツの裾の部分と同色とする。同一チームのプレーヤーが着用する場合は、同色のものとする。ジャージとショーツが一体になったものは禁止。
ストッキング&すね当て	すね当ては適切な材質（ゴム、プラスチックなど）で、しっかりと保護されるものでなければならず、その上にストッキング（※）で完全に覆わなければならない。
靴（スパイク）	規定はないが、日本では危険ではないか試合前にチェックを行っている。

※ストッキングにテープを着用する場合、着用する部分のストッキングの色と同じでなければならない。

ゴールキーパー

ゴールキーパーは、他のプレーヤー、主審、副審と区別のつく色の服装をする。また、帽子やグローブ、ロングパンツの着用が認められている

すね当て

プロテクターなどは保護目的でかつ安全であれば使用できる

スパッツまたはタイツは着用が認められている

ヘッドギア、フェイスマスク、ヒザや腕のプロテクターなど、最近の保護用具はやわらかで軽く、パッドが入っていて危険とは考えられないので、使用することが認められています。スパッツまたはタイツは、着用が認められていますが、ショーツの主な色と同色、または、ショーツの裾の部分と同色でなければいけません。

また、新技術によって開発されたスポーツめがねも、プレーヤー自身と他のプレーヤーにとって非常に安全なものなので、使用することが認められています。

手袋

寒いときは手袋を着用することも認められている

スパッツ・タイツ

主な色がショーツと同色であれば着用できる

フェイスマスク

骨折した鼻や目のまわりなど、顔の部分を保護するための用具

ヘッドギア

他のプレーヤーとの接触、地面に倒れたときなどに起こる頭部への衝撃を和らげるための用具

プロテクター

ヒザや足首、腕やヒジなどを保護するための用具

スポーツめがね

新技術によって開発された最近のスポーツめがねは、プレーヤー自身と他のプレーヤーにとって安全である

安全性を確保できない用具の着用は禁止

装身具をテープで覆っても着用は禁止されている

袖のないジャージ（ノースリーブ）は着用が認められていません。

また、ショーツと同色でないスパッツの着用も認められていません。

その他にも、ネックレス、指輪、イヤリング、皮革やゴムでできたバンドはプレーに不必要で、負傷をもたらしかねないため、認められていません。これらの装身具を、テープなどで覆って身につけることも一切禁止とされています。

また、ジャージを脱ぐことは、反スポーツ的行為となり反則です。

禁止されている装身具

ネックレス、指輪、イヤリング、皮革やゴムでできたバンドなどはプレーに不必要で、負傷をもたらしかねないので使用禁止。これらの装身具をテープなどで覆って身につけることも認められていない

反則

ジャージを脱ぐ

得点を喜ぶためにジャージを脱いでしまうと、反スポーツ的行為として警告されてしまう。頭の上までジャージを脱ぐ、あるいはジャージで頭を覆うことも反則になる

ジャージで頭を覆う

品質や規格など、試合では定められたボールを使用

ボール

主審の承認を得ないとボールを交換できない

ボールは、球形で、皮革または他の適切な材質でできており、外周が68㎝以上70㎝以下、重さが試合開始時に410g以上450g以下、空気圧が海面の高さの気圧で0・6〜1・1気圧のものと定められています。

試合の途中でボールが破裂したり欠陥が生じた場合、一旦試合を停止し、ボールに欠陥が生じた地点で、交換したボールをドロップして試合を再開します。なお、主審の承認を得ないで、試合中にボールを交換することはできません。

ボールの交換

試合の途中でボールが破裂したり欠陥が生じた場合	試合を停止し、ボールに欠陥が生じた地点でボールを交換しドロップボール（P28参照）で試合を再開する。
ボールがアウトオブプレーのときにボールが破裂したり欠陥が生じた場合	試合をそのときの再開方法で再開する。

ボールの規格

①球形で、皮革または他の適切な材質

②外周が68～70cm、
重さが試合開始時に410～450g

③空気圧が海面の高さの気圧で0.6～1.1気圧のもの

Column5

ルールの歴史⑤

レフェリーの変遷

レフェリー＝「任せる人」からきている

サッカー創成期のイングランドでは、レフェリーは存在せず、選手同士の話し合いで試合が進められていました。

しかし、当事者同士の話し合いでは、意見の食い違いが生じるのは当たり前。対立が起きることも少なくありませんでした。

そこで判断が分かれた際の相談役、仲裁者が必要となり、観客の中の有識者にお願いして、最終決定を任せることが行われるようになったのです。「レフェリー＝Referee」という名称が「Refer（任せる）する人」からきているのはこのためです。

当初はフィールドの中のアンパイアとタッチラインの外にいるレフェリーが、選手からアピールがあったときのみ判定を下していました。

ですが、次第に選手のアピール権は縮小され、逆に審判員の権限が増大。20世紀初めには選手のアピール権は全廃されました。現在では主審が競技規則を施行する一切の権限を持ち、主審の決定は最終のものとして試合が行われています。

PART

6

審判員

定められたルールの下で試合をコントロールし、あらゆる事項の最終的な判断を下す審判員。そんな不可欠な存在である審判員の、主審、副審、第4の審判員のそれぞれの役割と、彼らが試合中に示すシグナルを紹介していく。

主審は競技規則を施行する一切の権限を持つ

主審の決定がプレーの最終的な判断になる

それぞれの試合は主審によってコントロールされ、主審は任命された試合に関して、競技規則を施行する一切の権限を持っています。

その役割はタイムキーパーと、競技規則のあらゆる反則に対して、また外部から何らかの妨害があった場合に試合を停止、中断、打ち切る判断をすることになります。

さらに負傷者に対する処置、警告または退場となる反則を犯したプレーヤーへの懲戒処置など多岐にわたり、プレーに関する事実についての主審の決定は最終のものとなります。

職権と任務

①競技規則を施行する。他の審判員と協力して試合をコントロールする。
②タイムキーパーを務め、また試合の記録を取り、関係機関に審判報告書を提出する。
③プレーの再開を管理し合図する。
④反則があり、反則をしていないチームがアドバンテージによって利益を受けそうなときはプレーを継続させる。しかし、予期したアドバンテージがそのとき、または数秒以内に実現しなかった場合、その反則を罰する。
⑤同時に2つ以上の反則が起きたときは、罰則、負傷のひどさ、戦術的影響の面から、より重いものを罰する。
⑥警告または退場となる反則を犯したプレーヤーに懲戒処置をとる。
⑦主審は、試合前のフィールド点検のためにフィールドに入ったときから試合終了後にフィールドを離れるまで懲戒処置を行使する権限をもつ。

⑧ハーフタイムのインターバル、延長戦、PK戦が行われている間を含め、試合開始時にフィールドに入ってから試合終了後までイエローカードやレッドカードを示す、また、競技会規定に定められているならば一時的退場(シンビン)を命じる権限を持つ。

⑨チーム役員の不正行為に対してイエローカードやレッドカードを示すことができる。もし不正を働いた者が特定できなかったならば、テクニカルエリア内のより上位のコーチにイエローカードやレッドカードが示される。

⑩プレーヤーの負傷が軽い場合、ボールがアウトオブプレーになるまでプレーを続けさせる。

⑪プレーヤーが重傷を負った場合、プレーを停止し、確実にそのプレーヤーをフィールドから退出させる。

⑫出血したプレーヤーを確実にフィールドから離れさせる。そのプレーヤーは、止血および用具に血が付着していないことを十分に確認された後、主審の合図を受けてからのみ復帰できる。

⑬主審がドクターまたは担架要員のフィールドへの入場を認めたときは、プレーヤーは担架に乗って、または歩いてフィールドから離れなければならない。プレーヤーが拒んだならば反スポーツ的行為で警告される。

⑭主審が負傷したプレーヤーに警告または退場を命じる決定後、そのプレーヤーが治療のためフィールドから離れる場合、そのプレーヤーがフィールドから離れる前にカードを提示する。

⑮その他の理由でプレーが停止されているのではなく、またプレーヤーの負傷が反則に起因していないのであれば、ドロップボールによりプレーを再開する。

⑯あらゆる反則に対して、または、外部からの何らかの妨害があった場合、試合を停止し、一時的に中断し、または、中止する。

⑰認められていない者をフィールドに入れさせない。

※その他の事項として、主審は最終決定者であり、副審、第4の審判員とともに法的責任を問われない。また、得点がなされたか否か、および試合結果の判断も委ねられる。

主審の職務を援助するのが 副審と第4の審判員

スローイン再開時などに 主審に合図をする

副審は2名任命されます。その任務は主審の決定に従いつつ、オフサイドの反則があったとき、主審の見ていなかった不正行為が起きたとき、ボールがフィールドの外に出てどちらかのチームがスローインなどで再開するときなどに主審に合図します。

また、第4の審判員は、3名の審判員のいずれかが職務続行不能となった場合にその職務を行います。

その他、試合中の交代手続きの援助やアディショナルタイムの提示、競技規則に従って主審が試合をコントロールするのを援助する。

副審は、常にタッチライン沿いを移動し、プレーを見守っている

副審の任務

①反則を主審より明らかに事象が見えている場合に主審を援助する。

②ボール全体がフィールドの外に出たときに、どちらのチームがコーナーキック、ゴールキックまたはスローインを行うのかを合図する。

③オフサイドポジションにいるプレーヤーが罰せられるときに合図する。

④プレーヤーの交代が要求されているときに合図する。

⑤ペナルティーキックのとき、ボールが蹴られる前にゴールキーパーがゴールラインを離れたかどうか、またボールがゴールラインを越えたかどうか。

⑥副審の援助には交代の進め方の監視も含まれる。

⑦副審は9.15mの距離をコントロールする援助を行うために、フィールドに入ることができる。

第4の審判員の任務

①反則を主審より明らかに事象が見えている場合に主審を援助する。

②交代の手続きの管理

③プレーヤーと交代要員の用具の点検

④主審のシグナルや承認を受けた後に、プレーヤーを再入場させる。

⑤ボール交換の管理

⑥前半、後半の終了時に主審がプレーに追加しようとする最小限のアディショナルタイムの表示

⑦テクニカルエリアに入っている者が責任ある行動を取らなかった場合、主審に伝える。

アドバンテージは手で示し フリーキックは片方の腕で示す

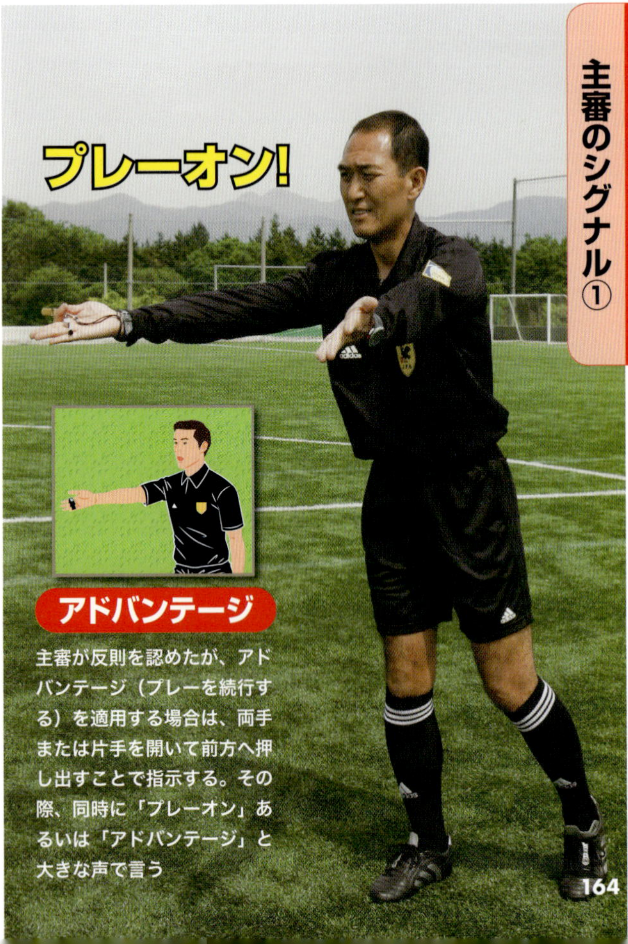

アドバンテージ

主審が反則を認めたが、アドバンテージ（プレーを続行する）を適用する場合は、両手または片手を開いて前方へ押し出すことで指示する。その際、同時に「プレーオン」あるいは「アドバンテージ」と大きな声で言う

直接FK

直接フリーキックの場合、笛を吹いた後に、手と腕ではっきりとキックするチームの攻撃方向を指す

間接FK

間接フリーキックで笛を吹いた場合は、攻撃方向の指示の後すぐに片腕を頭上にあげる。このシグナルは、フリーキックが蹴られ、そのボールが他のプレーヤーに触れるか、アウトオブプレーになるまで続ける。ただし、直接得点につながらないことが明らかになった場合、上げた腕を下ろして良い

警告はイエローカード
退場はレッドカードを示す

ゴールキック

ゴールキックの判定のときは、ゴールエリアの方を指し示す

コーナーキック

コーナーキックのときは、キックの行われるコーナーアークの方を指す。その際、副審側からのキックの場合は、少し斜め上を指す

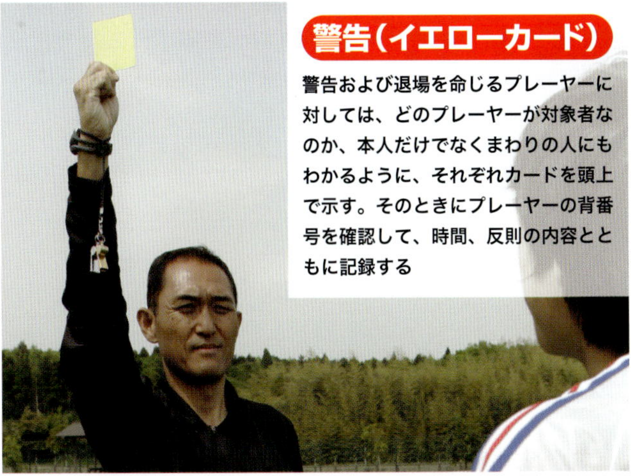

警告（イエローカード）

警告および退場を命じるプレーヤーに対しては、どのプレーヤーが対象者なのか、本人だけでなくまわりの人にもわかるように、それぞれカードを頭上で示す。そのときにプレーヤーの背番号を確認して、時間、反則の内容とともに記録する

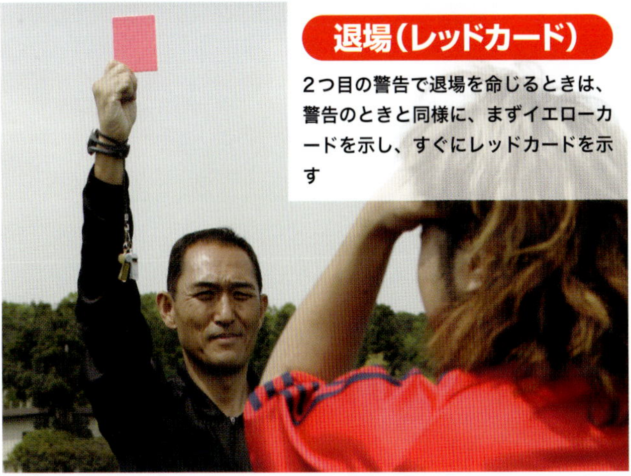

退場（レッドカード）

2つ目の警告で退場を命じるときは、警告のときと同様に、まずイエローカードを示し、すぐにレッドカードを示す

オフサイドの反則では副審が旗を上げて主審に知らせる

オフサイド

オフサイドの反則が起きたときは、副審が旗を真上に上げて、オフサイドであることを示す。その後、フィールドの中のどの辺りからのフリーキックかを知らせる

副審から遠いサイド

副審に近いサイド

主審が笛を吹いた後、副審は旗を水平よりもやや高く掲げることで、オフサイドの反則が副審からフィールドの遠いサイドで起きたことを示す。フィールドの中央付近で起きたときは、旗を水平に掲げ、副審側に近いサイドで起きたときは、旗を水平よりもやや低く掲げて示す

中央付近

ゴールキック、スローインはどちらが行うか速やかに示す

ゴールキック

旗でゴールエリアの方を指す。ボールがゴールラインを越えたことを示す必要がある場合は、この合図の前に旗を真上に上げる

ボールがタッチラインを越えた場合には、スローインを行うチームの攻撃方向に旗を斜めに倒す。ボールがタッチラインを越えたことを示す必要がある場合は、この合図の前に旗を真上に上げる

スローイン

アディショナルタイムは第4の審判員が交代ボードを使って示す

交代

選手交代で交代要員がライン外で待機しているとき、ボールがアウトオブプレーになったら、副審は主審に交代のシグナルを送る

アディショナルタイム

前後半終了予定1分前頃、第4の審判員は交代ボードを持って、ハーフウェーラインとタッチラインとの交点近くまで出る。主審からアディショナルタイムの時間を確認し、終了予定の45分頃にその時間を交代ボードを使って示す

コーナーキック

旗でコーナーエリアを指す。ボールがラインを越えたことを示す必要がある場合は、この合図の前に旗を真上に上げる

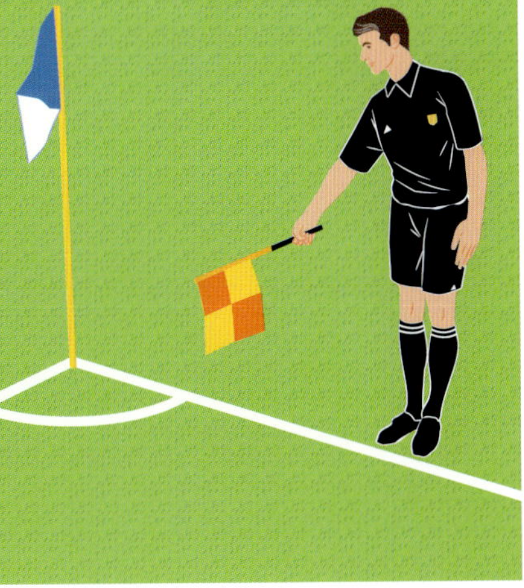

主審は時計、ホイッスルなどを用意して試合をコントロールする

審判手帳

自身がこれまでに審判をした試合を記録しておく手帳

審判証

審判員としての資格認定証

コイン

試合開始前のコイントスの際に使用する

アシスタントフラッグ

副審が主審に合図したりするときに使用する旗

記録カードと鉛筆（最低2本）

警告および退場処分にしたプレーヤーの背番号、時間、反則の内容や、得点、交代選手などの記録をする

イエローカードとレッドカード

プレーヤーに警告および退場を命じる場面でそれぞれ示す。カードの裏に、反則について記録をする審判もいる

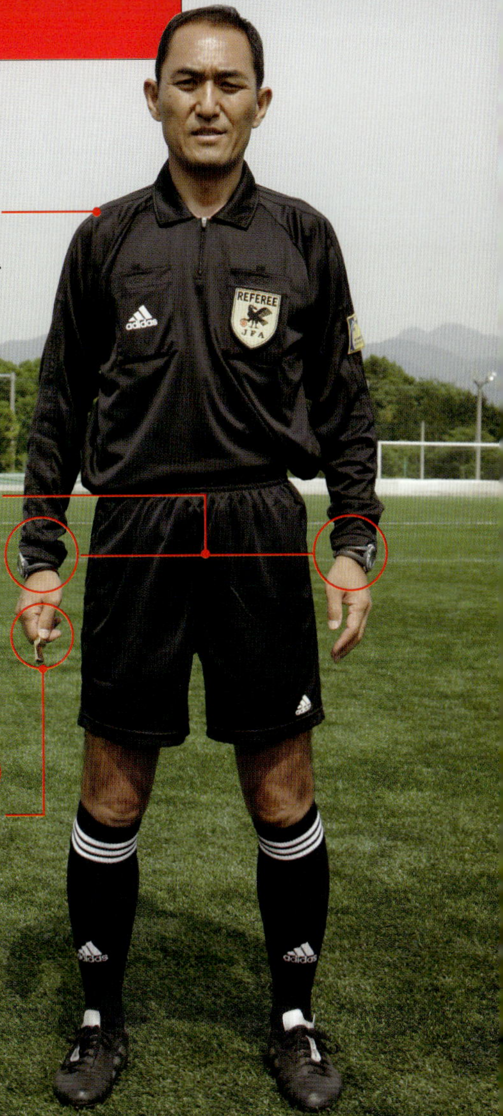

審判員の服装

服装は黒色が基本。シャツは他の色の着用も認められている。ただし、いずれの場合もプレーヤーの服装と明確に区別でき、その試合を担当する審判員の服装が統一されていることが原則。装身具は禁止されている

腕時計

故障などを考慮し、最低2つ用意することが望ましい。一方の時計は前後半が終わるまで止めず、もう一方は時間が空費されたときに止めるようにすると、アディショナルタイムの算出がしやすくなる

ホイッスル

故障などを考慮し、音色が異なるものを最低2つ用意しておきたい。笛に紐がついていることを確認し、手首にしっかりと巻きつけて落ちないようにしておく

巻末資料

8人制
サッカーの
ルールと
審判法

2011年度より小学生年代の子どもたちがよりサッカーを楽しみ、成長できるように少年サッカーの主な大会が8人制に移行した。巻末資料として、8人制サッカーをする上で必要なルールをまとめて紹介する。

contents

フィールドの大きさ ……… 178
ゴール・交代ゾーン ……… 180
プレーヤー ……… 182
試合時間・ファウル ……… 184
主審の役割 ……… 186
補助審判の役割 ……… 188
グリーンカード ……… 190
一人審判法 ……… 192
スローイン・コーナーキック・フリーキック ……… 200
延長戦・PK方式 ……… 202
column6　8人制サッカーの導入について ……… 204

大人のサッカー場の約半分の大きさ

フィールドの大きさ

フィールドの表面は芝または人工芝が望ましい

8人制サッカーのフィールドは長さ68m、幅50mの大きさを推奨します。これは大人のサッカー場（p144参照）の約半分です。大人のサッカー場を使用する場合、フィールドを2面設置することができます。フィールドの大きさは、試合会場の大きさによっては修正してもかまいません。

フィールドの表面は芝または人工芝が望ましいですが、土などでも可能です。ただし、競技者が転倒などにより負傷しやすい表面は認められません。

表面

①芝または人工芝が望ましい
②負傷しやすい表面でなければ、土などでも可能

大きさ

①長さ68m、幅50m（大人のサッカー場の約半分）推奨
②試合会場の大きさによって修正可能

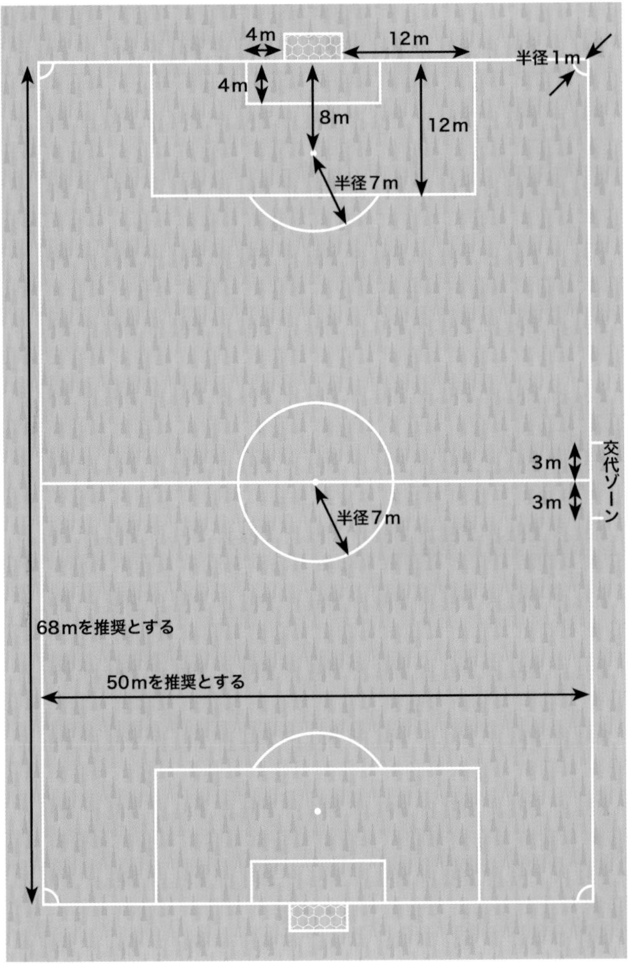
4m
12m
半径1m
4m
8m
12m
半径7m
交代ゾーン
3m
3m
半径7m
68mを推奨とする
50mを推奨とする

少年用サッカーゴールの大きさを推奨

フットサルゴールやコーンを代用してもいい

ゴールは、少年用サッカーゴールの大きさである幅5m、高さ2・15mが推奨されています。少年用サッカーゴールがない場合、フットサルゴールを2つ並べて1つのゴールとしてもかまいません。その場合、2つのゴールの中央のポストに当たった場合、得点が認められます。また、コーンで代用することもでき、その際、コーン上部の仮想クロスバー下をボールの全体が通過した場合、得点が認められます。

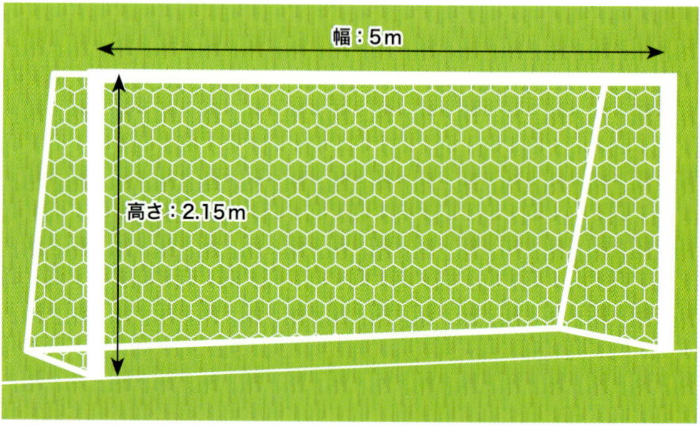

ゴール 少年用サッカーゴールの大きさを推奨。競技者が負傷しないように安全に設置すること

交代ゾーン

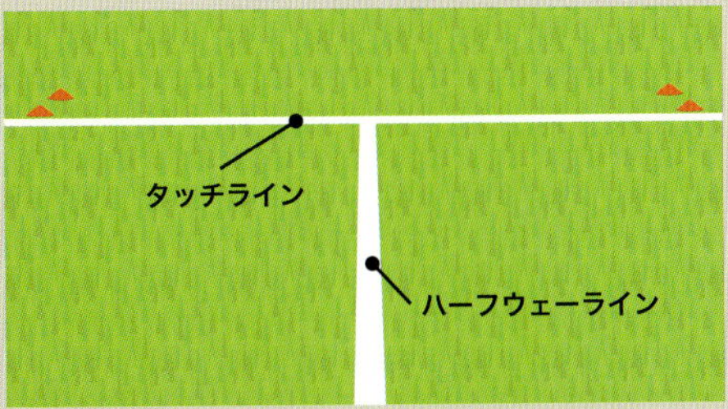

選手交代用にベンチ側のタッチラインに6mの交代ゾーンが設けられる。(ハーフウェーラインを挟んで3mずつ)

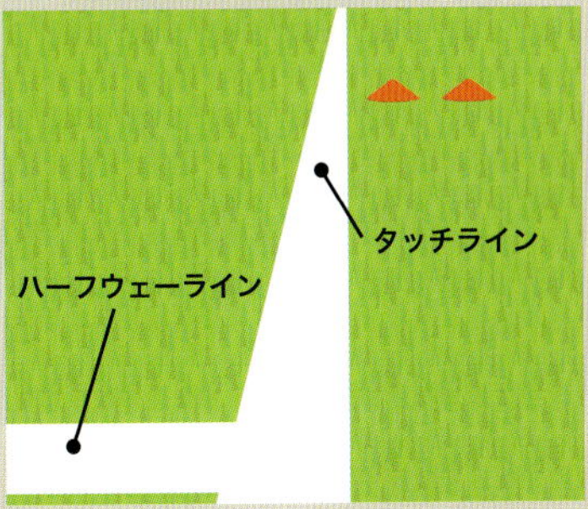

交代の手続き

①交代して退く競技者は、交代ゾーンからフィールド外に出る
②交代要員は交代ゾーンからフィールドに入り、競技者となる
③交代はボールがインプレー中、アウトオブプレー中にかかわらず行うことができる
④交代について、主審、補助審判の承認を得る必要はない

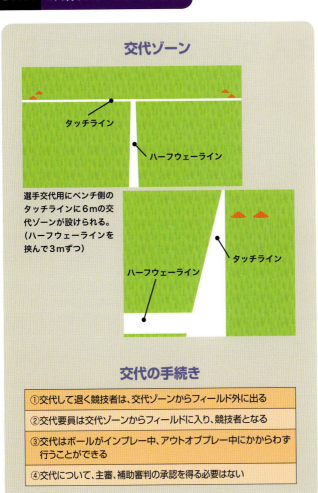

ゴールキーパーを含む8人が基本の数になる

一方のチームが6人に満たない場合は試合を再開しない

プレーヤーは8人（そのうち1名はゴールキーパー）。一方のチームが8人未満の場合、両チーム合意の上、極力両チームとも同数にします。試合に出場できる総人数は16人以内なので、交代要員は試合に出場していない8人となります。ただし、当日の総人数によって両チームが事前に合意すれば、交代要員の数を変更できます。プレーヤーの用具は本人だけでなく、相手プレーヤーにとって安全なものでなければなりません。試合開始前にプレーヤーおよび交代要員の用具は主審または補助審判によって検査されます。

プレーヤーの数

①8人（うち1人はゴールキーパー）
②一方のチームが8人未満の場合、両チーム合意の上、極力両チームとも同数とする
③交代要員は8人以内 （当日の総選手数によって、両チームが事前に合意すれば変更できる）

プレーヤーの用具

両チーム、異なる色彩のジャージまたはシャツを着用する。背番号を付ける必要はない。ゴールキーパーは両チーム同じ色彩のジャージ（シャツ）でもいい

すね当ては着用すること

靴は履く種類を問わない

めがねは主審が安全であると判断したものは着用できる

ジャージ（シャツ）の色彩が両チームとも同じ場合、また揃わない場合、ビブスを着用して対応することができる

ボール

使用するボールは少年用の４号球を基本とする

前、後半それぞれ15～20分が標準

ハーフタイム、インターバルは10分を越えない

試合時間は前半、後半それぞれ15～20分間を標準とし、年代によって時間を変更することができます。

ハーフタイムのインターバルは10分を越えないようにします。

前後半制の他に、3ピリオド制とした場合、各インターバルの間だけでなく、3ピリオド目の中間点で両チームのエンドを替えます。

ファウルや不正行為でプレーヤーが退場を命じられた場合、そのプレーヤーのチームは、交代要員の中からプレーヤーを補充することができます。

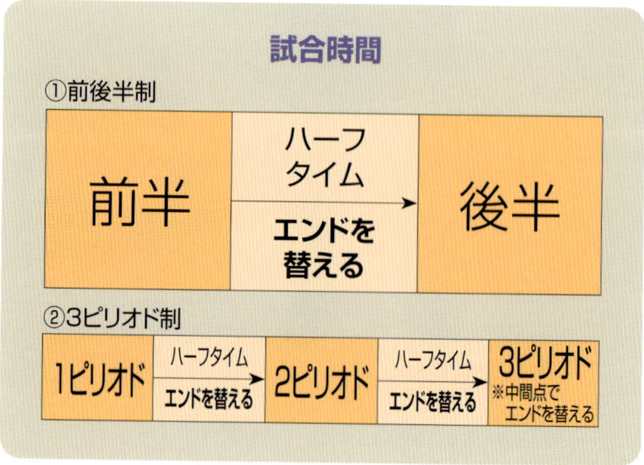

プレーの開始および再開

プレーはキックオフにより開始され、直接相手ゴールに入った場合、相手にゴールキックが与えられ再開する

ファウルと不正行為

ファウルや不正行為が起きて、プレーヤーが退場を命じられた場合、交代要員の中からプレーヤーを補充することができる

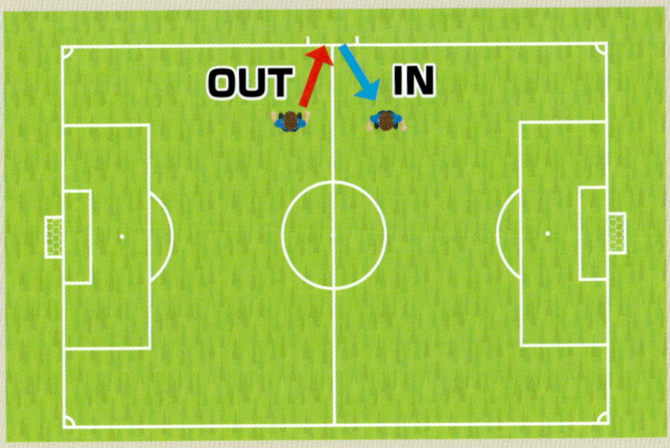

主審一人で判定し試合が運営される

位置取りや動き方を身につける必要がある

8人制の場合、試合は一人の主審によって運営されます。副審や第4の審判員はいませんが、補助審判が1名指名されます。

主審は規則が守られているか判定し、試合を運営します。

そのためには、グリーンカードの扱い、ゴールラインを超えて得点になるかならないかの場面での判断や、オフサイドの反則、また正しい判定を行うための位置取りや動き方など、一人審判法について実践できるように準備しておかなければなりません。

主審の役割

①主審一人で試合を運営し、規則が正しく守られているか判定する
②フェアプレー精神あふれる行動などに対してグリーンカードを示す
③オフサイド、ボールのイン・アウトなどを判定する

オフサイドの判定方法

通常のサッカーでは、オフサイドの場合、副審が旗を上げて示す(P168参照)。しかし、8人制の一人審判法の場合、一度に前線のプレーヤーと、パスを出すプレーヤーを同一の視野に入れるのは難しい。そこで、パスが出されそうなときに前線のプレーヤーの位置を確認しておき、パスが出された直後に、パスのスピードと前線のプレーヤーの位置を再確認し、前線のプレーヤーの移動スピードも考慮したうえで、判断するといいだろう。

ボールのイン・アウト

一人審判法では、ボールがフィールドから出るか出ないかの判定も重要になってくる。オフサイドと同様に、8人制サッカーでは副審がいないため、ボールがフィールドから出るか出ないか、ラインの横からきっちりと判断するのは難しい。そのため、日頃から、その感覚を養っておく必要がある。

交代の管理など様々な援助をする

ファウルの判定や警告などはできない

補助審判は補助的な審判員であるため、決してファウルの判定や警告をすることはできません。ボールのイン・アウトも判定できません。しかし、主審が試合を運営するに当たって、試合前後、試合中に様々な援助をします。

主審とともに試合に関する記録を取り、警告や退場、グリーンカードを示す際に、主審一人で管理するのが難しい場面や見ていないときに知らせて補助します。

特に重要なものにインプレー中の「交代の管理」があります。

交代の管理

8人制サッカーでは、ボールがアウトオブプレー中だけでなく、インプレー中でもプレーヤーは自由に交代要員と交代できる。しかし、ボールのインプレー中の交代は、主審が管理するのが難しいので、補助審判が管理をする。

補助審判の役割

①試合には補助審判1名が指名される
②主審によって要請された試合前、中、後の管理上の任務を援助する
③ボールの交換を管理する
④交代の手続きが円滑に行われるよう主審を援助する
⑤主審とともに得点や警告、退場だけでなく、グリーンカードの提示など試合の記録を取る。
⑥警告するプレーヤーが間違えられ、別のプレーヤーが警告された場合や、2度目の警告が与えられたにもかかわらず、そのプレーヤーを退場させられない場合、また主審の見ていないところで乱暴な行為が起きた場合には、主審に合図する
⑦チーム、プレーヤーが試合中にフェアプレー精神あふれる行動やリスペクトある行動を取っていたのを見た場合、主審に知らせ、主審がグリーンカードを示す援助をする

フェアプレーやポジティブな行動に対して示されるカード

グリーンカード

試合中以外でもいつでも示すことができる

プレーヤーがサッカーの精神に基づいてプレーに集中して戦っている中で、フェアプレー精神あふれる行動、ポジティブかつリスペクトあふれる行動をしたときに賞賛や感謝を示す方法の1つがグリーンカードです。主審はそのような行動を取ったプレーヤーにグリーンカードを示します。試合開始前、試合中、また試合終了後、ボールがインプレー中、アウトオブプレー中にかかわらず示すことができます。

その際、試合の流れを止めたりしないように注意が必要です。

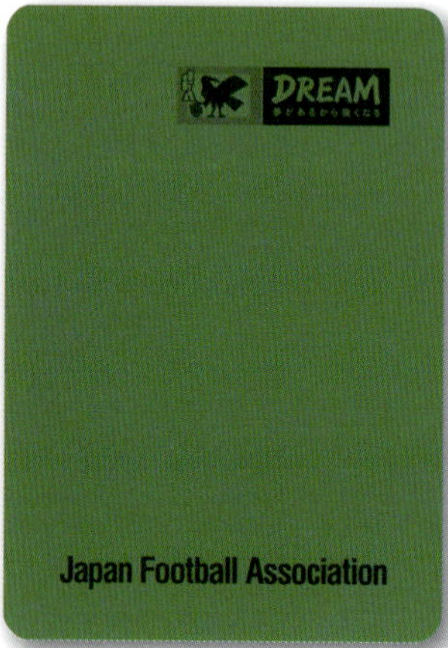

イエローカード、レッドカード同様、日本サッカー協会の公認カード

グリーンカードを示す行動

①全力を尽くす
②お互い助けあう
③フェアに戦う
④仲間を大切にする
⑤サッカーを楽しむ環境を与えてくれる人に感謝する

提示するときに注意すること

①試合の流れを止めない
②ポジティブな行動の意図を見極める
③躊躇せずに示す
④誰に示されたのかわかりやすいようにする
⑤声やジェスチャーのみをほめたたえるのもいい

一人審判法①

試合の全体像を把握する広い視野を確保すること

フィールド中央ばかりだとプレーの邪魔になる

主審が正しい判定を行うためには、プレーから遠すぎず、また近すぎない程度に位置取りをする必要があります。遠すぎると細かなプレーが確認できず、近すぎると試合の全体像を把握するのが難しくなります。特にオフサイドの判定は広い視野を確保する位置取りが必要になります。

そのため、通常のサッカーよりも自由に動き方を変えることができます。ただし、フィールドの中央ばかりにいたり、フィールドを縦に動くと、プレーの邪魔になりやすく、プレー全体が視野に入らなくなります。

正しい判定を行うために、広い視野と適切な位置取りを行うこと

主審の位置取りと動き方

通常のサッカーでは、副審がいるので、下図のCとBの間を往復するように動く（C⇄B）。しかし、8人制における一人審判法では、逆の対角線であるAとDの間を動くことも可能（A⇄D）。さらに、試合中にC⇄BとA⇄Dの対角線を変更して動いたり、BとA、CとDを直線的に動くこともできる。ただし、フィールド中央ばかりにいたり、中央を縦に動くとプレーの邪魔になるので注意すること。

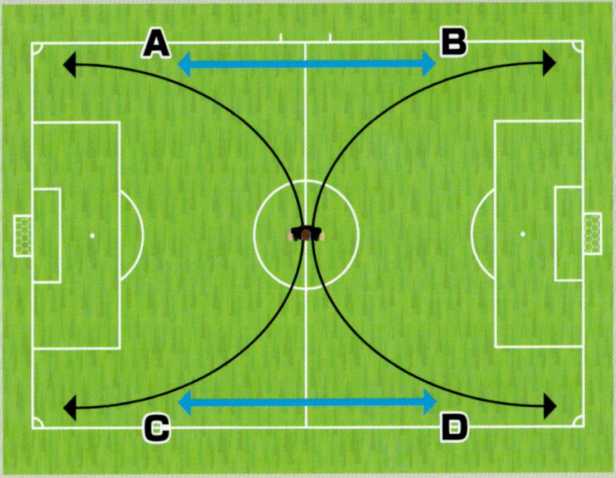

具体例①

次にプレーが展開される場所を見る位置に動く

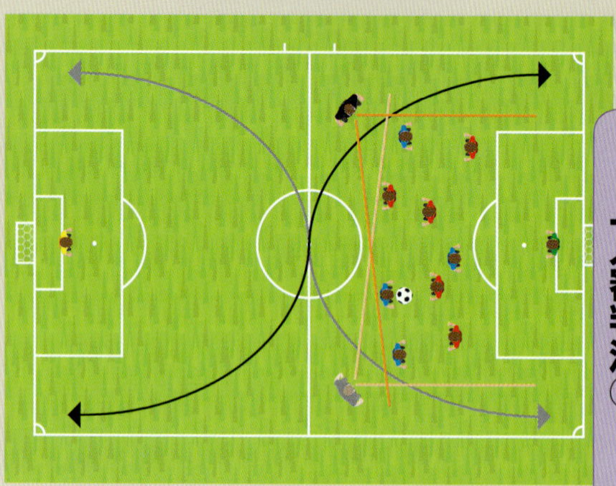

主審は「ボールを中心とした争点」「次にプレーが展開されそうな場所」を見ることができる位置を取ることを常に心がけること。また、フィールドの大きさから考えて、プレーの邪魔にならないように動くことも必要だ

具体例②

ゴールキーパーから逆襲がはじまろうとしているときの位置取り

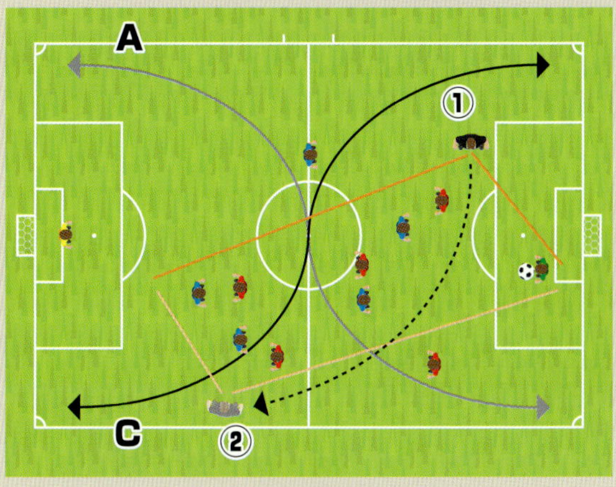

ゴールキーパーから逆襲がはじまろうとしているときは、ゴールキーパーのプレーを視野に入れながら、できるだけ早く次の争点を見ることができる位置(①)に移動すること。もしAの方向にパスが送られる場合、主審はCの方向に移動し(②)、Cの方向にパスが送られる場合、主審はAの方向に移動する場合が多い

具体例③

攻撃がCゾーンへ展開された場合の位置取り

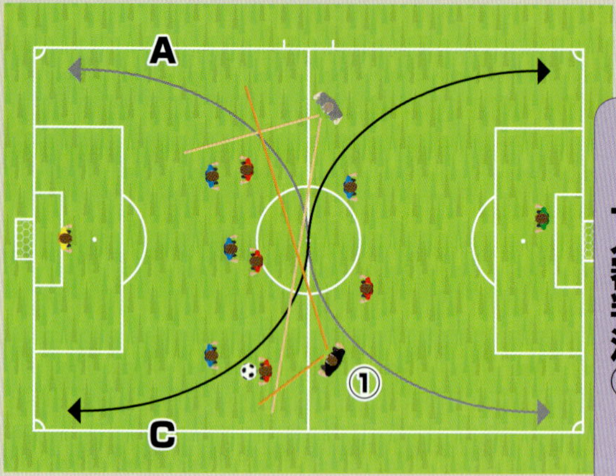

攻撃がゆっくりCゾーンへ展開されたときは、プレーをやや後方から監視する位置(①)に移動することが一般的だ。早い攻撃の場合や、次に展開される可能性がある場所を見通したい場合、Aゾーンへ移動するのも有効である

具体例④

逆襲により Aゾーンに展開 された場合

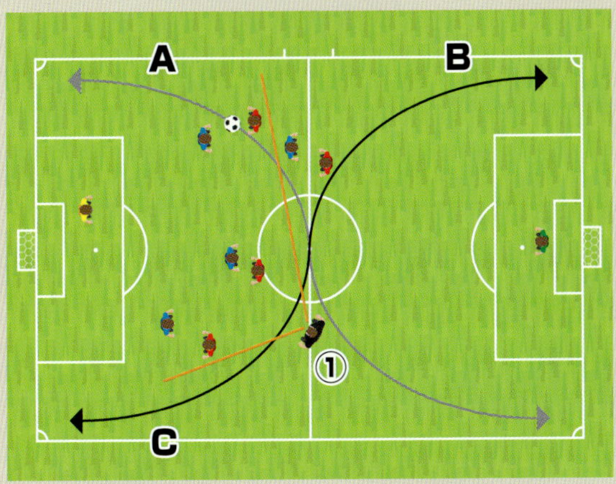

逆襲によりAゾーンにプレーが展開された場合、Bゾーンからcゾーンへの対角線を移動しながら、次に展開される可能性がある場所を見通せる位置取り(①)をすること

具体例⑤

Aゾーンから クロスボールが 蹴られそうな場合

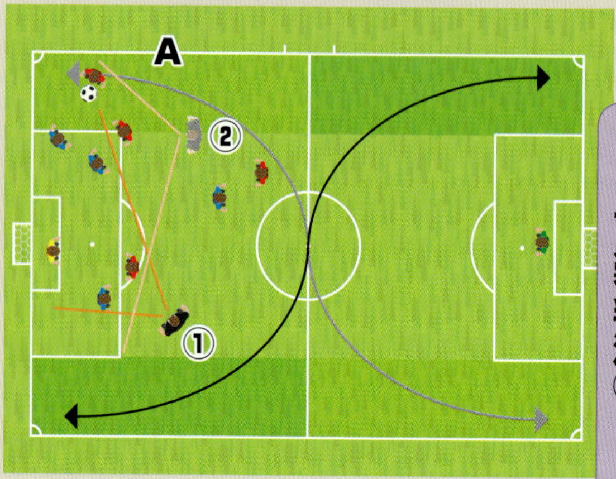

Aゾーンからクロスボールが蹴られそうなときは、やや中央(①)に入り、キッカーの位置とゴール前の争点を監視する位置に移動する。事前に②の位置を取っていた場合、やや後方からの監視が有効。クロスボールが蹴られたのち、やや中央へ移動するといい

具体例⑥

Cゾーンから クロスボールが 蹴られそうな場合

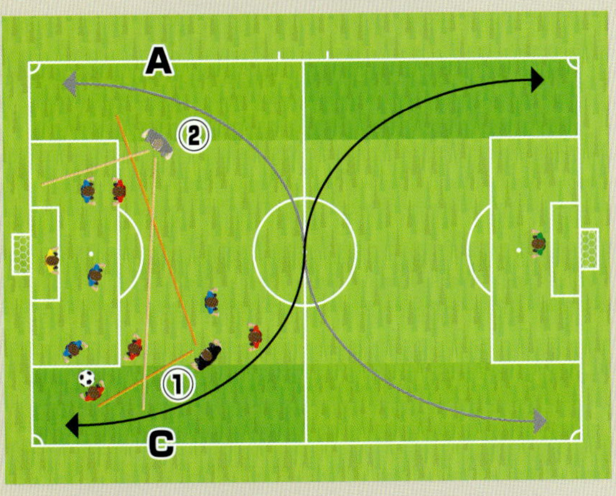

具体例⑤と逆にCゾーンからクロスボールが蹴られそうな場合、事前に①に位置していた場合はやや後方から、キッカーとボールが蹴られるコースのゴール前が見えるように位置取りする。もし、②に位置していた場合、やや中央に移動しながらプレーや次の争点を監視するといい

スローイン・CK・FKのときに守るルール

競技再開時のボールとの距離に注意

8人制サッカーの場合、競技再開時における相手プレーヤーとボールとの距離が異なるので注意しましょう。

スローインのとき、相手プレーヤーはスローインが行われる地点から2m以上離れなければなりません。フリーキックとコーナーキックの場合は、ボールがインプレーになるまで、相手プレーヤーはボールとコーナーアークから、それぞれ7m以上離れなければいけません。

いずれも、相手プレーヤーが規定の距離よりも意図的に近い距離にいると判定されると違反になります。

スローイン

スローインの際は、相手プレーヤーはスローインが行われる地点から、2m以上ボールから離れる

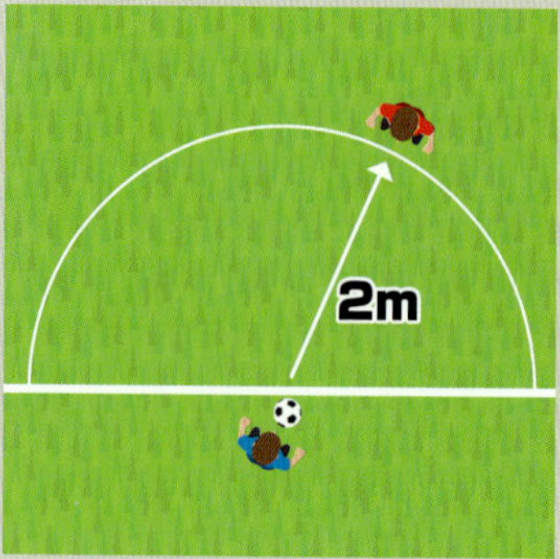

コーナーキック

コーナーキックの際は、ボールがインプレーになるまで、相手プレーヤーはコーナーアークから7m以上離れる

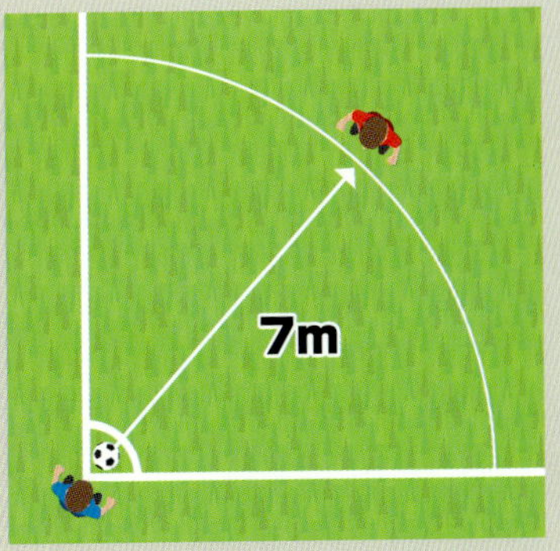

フリーキック

フリーキックの際は、ボールがインプレーになるまで相手プレーヤーは7m以上ボールから離れる

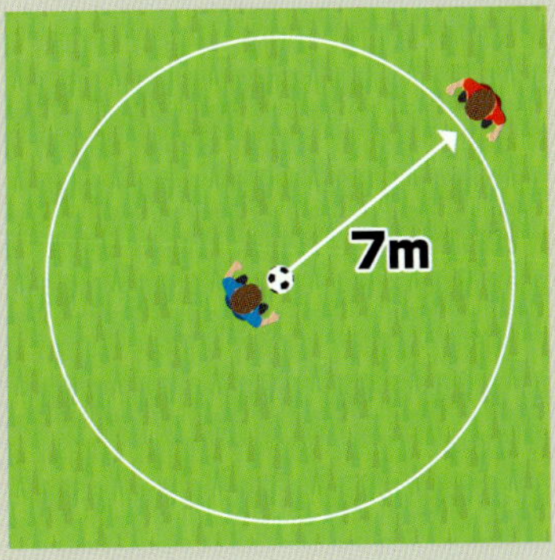

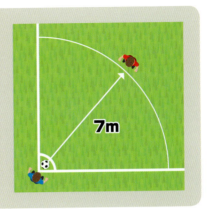

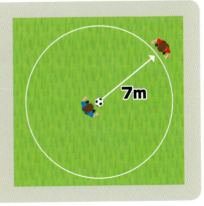

延長戦は前・後半3分間ずつ設けることができる

PK方式は両チーム3人ずつで行う

勝者を決定する必要がある場合、前後半、あるいは3ピリオドが同点の引き分けで終了した際、延長戦およびPK戦を行うことができます。

延長戦は前、後半それぞれ3分間ずつ設けることができます。

PK戦は、両チーム3人ずつのプレーヤーが交互にキックを行います。3本のキックを行う前に勝負が決した場合、以降のキックを行いません。両チームの得点が同じ場合、同数のキックで一方のチームが他方より多く得点するまで交互に順序を変えることなく続けられます。

例①

	1本目	2本目	3本目
Aチーム	○	○	蹴らない
Bチーム	×	×	

Bチームが1、2本目を外し、Aチームが1、2本目を入れたので、勝負が決まった。3本目は蹴らなくてもいい

例②

	1本目	2本目	3本目
Aチーム	○	×	×
Bチーム	○	○	蹴らない

Aチームが1本目を入れた後、2本目を外し、Bチームが1、2本目を入れた。その後、Aチームが3本目を外したので勝負が決まった。Bチームは3本目を蹴らなくてもいい

例③

	1本目	2本目	3本目
Aチーム	○	○	×
Bチーム	○	×	○

→

サドンデス	
○	×
○	○

Aチーム、Bチームともに3本中2本を入れたため、サドンデスになった。その後、Aチームが2本目を外した後にBチームが2本目を入れたので、勝負が決まった

8人制サッカーの導入について

Column6

小学生年代の子どもの育成のために制定された

2011年4月から日本サッカー協会主催の12歳以下の主な大会が8人制サッカーに移行しました。

　これは、人数を少なくすることで「ボールに接する回数を増やす」、「ゴール前の攻防を増やす」、「どのポジションでも常に攻守に関わる」といった点や、「正確な判断や技術を習得させることができる」といった特徴があります。

　また、ユース年代、低年齢層のプレーヤーが多くの試合をプレーするためにはリーグ戦が不可欠です。リーグ戦文化が広まることで、生活圏レベルで数多くの試合を楽しむことができ、引いては日常のサッカー、スポーツ文化の発展にも寄与するでしょう。

　さらに、8人制では審判が1人

JFAとJリーグが共同で取り組んでいる「RESPECT PROJECT」

制も採用されるため、フェアプレー精神を持って、より選手一人ひとりがルールを守り、審判の判定を尊重しなければなりません。フェアプレー精神あふれる行動やリスペクトあふれる行動をしたプレーヤーには、審判からグリーンカードが示されます。

　このように、８人制サッカーのルールは、小学生年代の子どもたちが楽しみ、成長やサッカー技術の習得、フェアプレーを生むリスペクトの精神を育むことを念頭に、現在のサッカー競技規則をベースとして、制定されました。

　そして、現在では12歳以下年代以外にも、様々な年代の試合・大会で採用されています。

索引

ア行

アウトオブプレー……30
アディショナルタイム……10
アドバンテージ……164
イエローカード……114・166
飲水タイム……10
インプレー……30
延長戦……12・202
オフサイド……50

カ行

キッキング……90
キックオフ……26
グリーンカード……128・190
警告……112
交代ゾーン……180
コーナー……148
コーナーキック……44・200
ゴール……146・180
ゴールキック……40

サ行

シグナル……164
ジャンピングアット……92
主審……160
スコアブック……134
ストライキング……94
スピッティング……98
スローイン……36・200
選手交代カード……132

タ行

退場……120
第4の審判員……162
テクニカルエリア……148
トリッピング……91

ドロップボール …… 28

ハ行

ハーフタイム …… 8
ハンドリング …… 99
PK戦 …… 14
PK方式 …… 202
一人審判法 …… 192
ファウルタックル …… 96
ファウルチャージ …… 93
フィールド …… 142・178
副審 …… 162
プッシング …… 95
フリーキック …… 82・200
ペナルティーエリア …… 18
ホールディング …… 97
補助審判 …… 188

マ行

メンバー表 …… 130

ラ行

レッドカード …… 122・166
6秒ルール …… 102

監修

岡田正義

(おかだ　まさよし)

1958年生まれ。1986年1級審判員資格を取得。1993年国際主審登録。1998年ワールドカップフランス大会に選出されイングランド対チュニジア戦の主審を担当する。2002年3月から日本サッカー協会とプロ審判契約。2010年12月現役引退。現在はジャスティス企画代表。

モデル　(左から)畝村直弥、望月裕太、中村健人、塩見直人

わかりやすいサッカーのルール

2024年 3月20日発行

監　修　岡《おか》田《だ》正《まさ》義《よし》

発行者　深見公子

発行所　成美堂出版

〒162-8445　東京都新宿区新小川町1-7

電話(03)5206-8151　FAX(03)5206-8159

印　刷　大盛印刷株式会社

ISBN978-4-415-32791-4

落丁･乱丁などの不良本はお取り替えします

定価はカバーに表示してあります